GILBERT ALTENBACH

BOUNE LEGRAIS

LIEUX MAGIQUES ET SACRÉS DE FRANCE

FRANCE LOISIRS
123, boulevard de Grenelle, Paris

ISBN 2-7242-4082-0

INTRODUCTION

« Il est des lieux où souffle l'Esprit. »
Maurice BARRÈS

Améliorer sa santé, augmenter ses facultés psychiques, élever son niveau de conscience en s'exposant aux mystérieuses énergies vibratoires que nous offre en certains endroits de la planète la nature, c'est là une des réalités les plus surprenantes de notre ère robotisée et informatisée.

Ces centres de guérison du corps, de l'âme et de l'esprit, où le ciel et la Terre se rejoignent, existent depuis l'aube de la vie. Souvent occultés car magiques et sacrés, ces lieux renaissent avec les récentes découvertes de la nouvelle physique, qui permettent de mieux comprendre que l'homme est un tout faisant partie d'un tout, le cosmos, l'Univers.

Les connaissances actuelles en astrophysique et géophysique replacent les êtres vivants dans le merveilleux contexte du microcosme et du macrocosme.

Nous prenons enfin conscience qu'il existe une interdépendance entre les particules des atomes de la Terre et du cosmos et celles qui composent les molécules de nos organes et de notre corps.

Dépolarisé par les déperditions électromagnétiques, éprouvé par les habitations de béton tristes et grisâtres, malmené par les rythmes antibiologiques de notre société de compétition, l'homme du IIIe millénaire éprouve de plus en plus le besoin vital de retrouver ses origines. Le mythe de la Bible a perdu de sa puissance, et les sociologues constatent un très net désir de retour aux sources : la terre, la pierre et l'eau.

Cette migration vers nos racines est une réaction de compensation face aux agressions de la vie quotidienne. Nous avons besoin de retrouver notre identité et notre harmonie intérieure.

Légendes, récits populaires, anecdotes et chroniques regorgent de faits relatifs à des rites étranges ou de cultes mystérieux observés sur des sites choisis pour se revigorer, guérir ou s'approprier l'éternelle jeunesse.

Que reste-t-il aujourd'hui, à l'époque des manipulations génétiques et de la résonance magnétique nucléaire, de ces antiques thérapeutiques vibratoires ?

Certains lieux ont gardé leurs pouvoirs régénérateurs et guérisseurs, et de nombreux témoignages attestent que les vertus du cosmo-tellurisme n'ont pas sombré dans l'oubli. Souvent transmise de bouche à oreille, la connaissance de ces hauts lieux est restée secrète et uniquement réservée aux initiés.

Depuis une dizaine d'années, nous cherchons à comprendre pourquoi certains sites auraient la faculté de guérir le corps, l'âme et l'esprit.

De l'Égypte à la Grèce, de l'Indonésie aux pays d'Amérique latine, nous avons inlassablement effectué des mesures, interrogé les autochtones, confronté nos travaux avec les observations des sensitifs et des scientifiques. Il nous a été permis de vivre de merveilleuses expériences.

Notre activité professionnelle consiste aujourd'hui essentiellement à établir, en collaboration avec des médecins et des scientifiques, la relation entre la qualité biotique d'une habitation et l'état de santé des êtres qui y vivent.

Nous avons rédigé cet ouvrage sur les hauts lieux de l'Hexagone qui guérissent afin d'apporter une autre approche du sens de la vie par la découverte des énergies qui régissent notre équilibre physique, mental et spirituel.

Les travaux de différents chercheurs ont mis en évidence que nous ne possédons pas seulement un corps physique mais également un corps énergétique qui en est le champ électromagnétique. Appelée aussi « aura », cette énergie peut être mesurée et matérialisée sur une plaque photographique par le procédé de la photo Kirlian (haute fréquence) ou celui de la spectroscopie (basse fréquence), selon les travaux du centre international de la médecine quantique.

Nos corps, physique et énergétique, réagissent aux énergies de notre environnement. Il est facile d'en apporter la preuve par la mesure de la résistance cutanée à l'aide d'un géorythmomètre (principe de l'ohmmètre).

Les expériences sur l'influence de la qualité énergétique d'un lieu sont aisément réalisées dans les habitations « qui rendent malade », c'est-à-dire où sévissent des micro-énergies pathogènes dues à l'interférence de courants telluriques défavorables et de cours d'eau souterrains ou de failles géologiques.

Les effets sont amplifiés par le béton armé et les masses métalliques qui modifient le champ magnétique terrestre, comme l'a démontré le professeur Yves Rocard, physicien.

Cette science [1] est appelée « géobiologie et biologie de l'habitat ». Elle connaît un succès croissant auprès des médecins qui sont confrontés à des cas où les thérapies les plus élaborées n'agissent pas. Il suffit souvent que le thérapeute conseille le déplacement du lit ou le changement d'habitation pour que les troubles cessent, sans drogue ni médicament.

Qui n'a pas constaté, en vérité, qu'il se sentait mieux (ou plus mal) à un endroit plutôt qu'à un autre, ou plus en harmonie dans telle maison que dans une autre ?

Heureusement, à l'inverse des effets destructeurs de certains lieux existent des sites guérisseurs où le magnétisme terrestre est très favorable, comme nous le découvrirons au fil des pages de cette étude.

---

1. Enseignée à l'Académie internationale de géobiologie et de biologie de l'habitat (secrétariat : 3, rue de la République, 68500 Guebwiller).

« Il existe partout dans le monde des lieux particuliers comme Kesarian qui, de l'avis général, inspirent plus que d'autres. Le sanctuaire de Delphes, le temple de Baalbek, la base d'Ayre's Rock en Australie, le sommet du Glastonbury Tor en Angleterre, en sont quelques exemples. Ces lieux n'ont aucun trait géologique ou géographique en commun, mais tous sont depuis longtemps renommés pour leur état de grâce et leur mystère.

« Ils sont devenus des lieux sacrés — reconnus par les chamans et les sorciers, visités par les druides et les bardes, hantés par les ermites et les mystiques. Beaucoup furent ornés d'amulettes, puis rehaussés de temples fréquentés par les prêtres astronomes, et finalement surmontés de cathédrales chrétiennes. Leur influence reste intacte. Ils continuent de délivrer à travers le temps un message que certains individus sont capables de percevoir, grâce à quelque fonction biologique fondamentale.

« Les Chinois croient que leur paysage est irrigué par un réseau de canaux invisibles qui véhiculent des courants opposés. Ces courants s'identifient pour eux aux esprits du Tigre blanc et du Dragon bleu. Ceux qui pratiquent l'art du feng-shui s'emploient à prendre le pouls de ces forces cachées pour décider à quel endroit on doit construire une maison ou enterrer un ancêtre avec le maximum d'avantages, tout en préservant l'harmonie du paysage.

« La notion d'harmonie est essentielle. Ceux qui vivent en contact étroit avec leur milieu ne cherchent pas à contrôler l'environnement. L'accent est toujours mis sur les efforts à entreprendre pour détruire ce qui sépare l'homme de la nature, pour s'adapter au système et ne faire plus qu'un avec la terre et tout ce qu'elle produit.

« Les aborigènes d'Australie professent que chaque plante, chaque animal a un endroit où la célébration de rites appropriés libère Kurunba, l'essence de vie, et contribue à entretenir l'ordre naturel. Ils croient que l'homme a une responsabilité particulière dans le maintien d'un univers harmonieux et qu'il peut remplir au mieux ses obligations en se référant au “ temps de rêve ”. C'est une sorte de passé mythique sans fin, au cours duquel des êtres supérieurs, aujourd'hui symbolisés par des totems, tels que des kangourous ou des serpents de mer, parcouraient d'un endroit à l'autre la terre en accomplissant de grandes actions.

« Les routes empruntées par ces êtres totémiques sont clairement identifiées dans la tradition. Ainsi, chaque saison, un groupe d'aborigènes parcourt les vieilles pistes qui sillonnent le désert, s'arrêtant dans des lieux sacrés pour y célébrer les rites appropriés et chanter de vieilles chansons qui racontent des épisodes locaux de l'histoire de la Création. Ils peignent sur leur corps des diagrammes schématiques représentant les pistes traditionnelles et inscrivent à la craie et à l'ocre rouge des figures tortueuses et compliquées sur des rochers sacrés. Ces gens disent que c'est l'énergie spirituelle contenue dans les rochers qui crée la pluie, fertilise les plantes et féconde les animaux, et que leurs peintures et leurs chansons ne sont qu'un simple stimulant.

« Un grand nombre de ces repères sont parfaitement connus et facilement identifiables d'après les vieilles descriptions qui en sont faites dans les chansons et les danses et d'après les représentations imagées que l'on trouve sur les tables sacrées. Les jeunes initiés, avec leur savoir tout neuf, vont directement dans le désert et découvrent sans aucune aide les trous d'eau, les arbres, les collines et les alignements de rochers qui représentent des signes particuliers. Pour eux, chaque objet naturel est le corps ou la possession d'un être sacré ancien, qui vit encore spirituellement et influe sur le présent. Lorsqu'ils le voient et le reconnaissent, cela renforce leurs liens avec la terre et suscite chez eux une grande satisfaction émotionnelle. »

Lyall Watson,
Je reviens de l'inconnu, Albin Michel.

MICROCOSME ET MACROCOSME

L'homme, être capteur-transformateur d'énergies

Depuis les temps les plus reculés, l'homme a été fasciné par les particularités géomagnétiques et telluriques de la planète. Conscient d'être soumis à ces forces invisibles émanant de la Terre et du Cosmos, il a érigé des mégalithes, construit des pyramides ou des sanctuaires qui devinrent plus tard des cathédrales, des abbayes ou des chapelles.

Souvent, ces sites magiques et sacrés étaient connus depuis des millénaires, et les sanctuaires celtiques ont simplement été repris par les Romains, puis « christianisés » par la suite.

L'homme évolue dans l'équilibre des forces telluriques qui jaillissent du centre de la Terre et des forces cosmiques bombardées du cosmos qui les rééquilibrent. Nos cellules vivent et s'épanouissent dans l'harmonie de cette dualité.

L'humain est un être antenne par ses bras et ses mains, et un être prise de terre par ses pieds.

Ces énergies focalisées par nos capteurs sont assimilées par notre corps énergétique, qui répercute cette information à notre corps physique.

La médecine holistique a démontré formellement que notre corps énergétique était malade (ou guéri) avant notre corps physique.

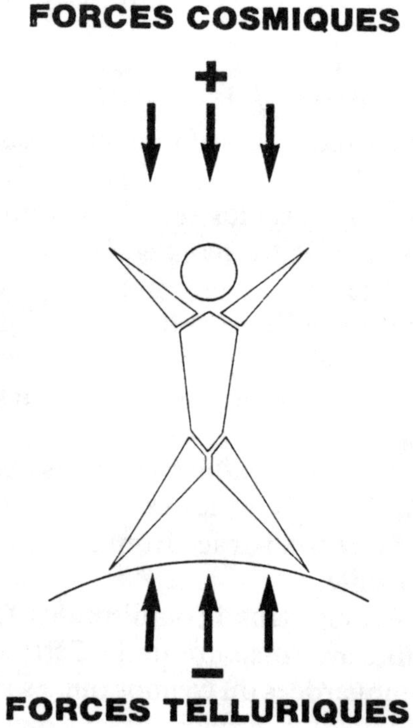

L'humain : « capteur » et « antenne ».

LIEUX MAGIQUES ET SACRÉS

« La pierre, même la plus médiocre qui soit, si on la fixe du regard longtemps, apparaît douée d'une existence sacrée, ineffable. Et cette existence se définit sans appel possible comme extérieure à l'homme. Il y a hétérogénéité totale avec cette chair dont nous sommes pétris, en d'autres termes avec la fragilité de ce corps, sa vulnérabilité, la chaleur de la vie qui y bat, sa nature éphémère. [...]

« La pierre nie l'homme. C'est le sacré transcendant l'homme, l'existence mystérieuse qui dans un même moment rejette violemment ce qu'elle attire. »

Taro OKAMOTO,
L'Esthétique et le Sacré.

L'homme est une réflexion de la Terre

Tout comme le corps humain est parcouru de vaisseaux sanguins et d'un système veineux, notre planète est irriguée par des cours d'eau souterrains qui sillonnent l'écorce terrestre. De même, celle-ci est parcourue par des courants magnétiques qui sont des phénomènes vibratoires.

La Terre est composée d'une couche superficielle, l'écorce terrestre, dont l'épaisseur varie de 5 à 50 kilomètres, composée de silice et d'alumine, et d'un semi-liquide en fusion, le magma.

Le magma est divisé en différentes couches :

— le manteau : composé de fer et de magnésium silicaté dont la température est de 1 600 ° C. Il est composé lui-même d'une partie solide d'une épaisseur de

LA TERRE

\+ froid
(rétractation)

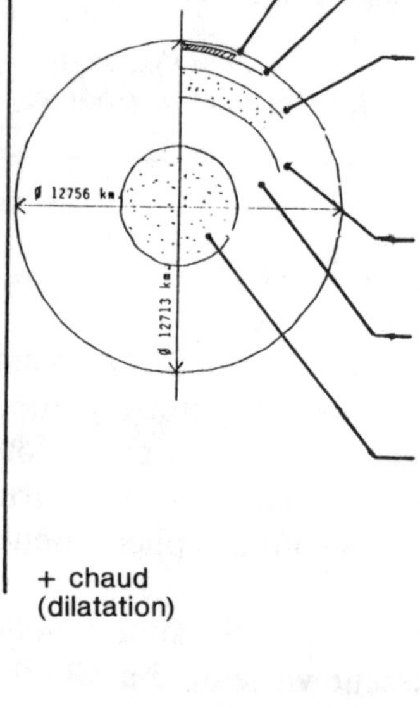

HUMUS : env. 10 à 30 cm: lieu de tous les échanges microorganiques.

ECORCE : env. 5 à 50 km d'épaisseur (silice).

1er MANTEAU : roche un peu plus solide composée de fer et de magnésium, env. 1 000 km d'épaisseur. Température: env. 1 600° C.

2e MANTEAU : plus fluide, visqueux, env. 1 900 km d'épaisseur.

NOYAU EXTERNE : env. 2 000 km d'épaisseur. Température: 2 000 à 5 000° C.

NOYAU INTERNE : séparé par une couche de liquide, diam. 2 740 km, composé de nickel et de fer , à une densité 5 fois plus grande que l'écorce.

\+ chaud
(dilatation)

Ces couches internes sont composées, entre autre, essentiellement de fer, ce qui explique l'attraction gravitationnelle.
Ces différentes couches sont en mouvement constant à des vitesses de rotation diverses, même si elles sont infinitésimales.
Les frottements occasionnés produisent des charges électriques qui remonteraient à la surface de la Terre.

1 000 kilomètres et d'une partie visqueuse qui a 1 900 kilomètres d'épaisseur ;

— le noyau extérieur : épais d'environ 2 100 kilomètres, il est composé de fer et de nickel en fusion (de 2 000 à 5 000 °C) ;

— le noyau intérieur : à environ 5 000 kilomètres sous la surface, une nappe liquide fait la transition vers le noyau intérieur, qui est une sphère de 2 740 kilomètres de diamètre.

Il est important de noter que la gravitation provoque une faible densité de la croûte terrestre, alors que la matière du noyau est cinq fois plus dense.

Lors de la rotation de la Terre, le noyau intérieur tourne moins vite que l'écorce extérieure. Chaque couche de magma évolue à une vitesse qui lui est propre, bien que les différences soient imperceptibles.

Cette géodynamique produit un phénomène de frottement, donc une formation de charge, c'est-à-dire une certaine forme d'énergie.

Ce sont ces dissemblances qui constituent la base des courants telluro-magnétiques

En certains points de la planète, des roches granitiques dépassent la base de l'écorce terrestre, plongent plus profondément dans le magma, telles des aiguilles de phonographe, et produisent des vibrations de natures, de puissances et de fréquences différentes.

Les axes magnétiques

Les courants magnétiques ainsi générés parcourent la planète tel un maillage, avec des points telluriques où les intensités sont plus ou moins fortes.

Ces points forment des axes magnétiques véhiculant l'énergie tellurique qui se propage en suivant certaines failles géologiques et certains types de gisement, comme ceux de quartz.

Curieusement, ces axes forment parfois des figures géométriques, souvent parfaites, telles que triangles, rectangles, carrés ou étoiles.

Par leurs croisements, ces axes magnétiques constituent les points forts du réseau tellurique de la planète.

Biomagnétisme et biosphère

Si nos organes sont le siège des courants électriques pulsés qui génèrent des champs magnétiques utilisables en exploration médicale, le champ géomagnétique de la Terre est déformé à très haute altitude par le vent solaire, composé de particules émises par le Soleil à plusieurs centaines de kilomètres par seconde.

Ces particules forment une onde de choc, derrière laquelle se développe un écheveau de lignes de force caractérisé par une zone de piégeage, autour de la Terre, et une zone de fuite, dans la queue de la magnétosphère qui rejoint le plasma interplanétaire.

Au voisinage de la Terre, dans la zone de piégeage, les particules chargées positivement dérivent d'est en ouest, tandis que celles qui sont chargées négativement dérivent d'ouest en est.

L'atmosphère est composée de différentes couches qui filtrent ces rayonnements :

LE CIEL

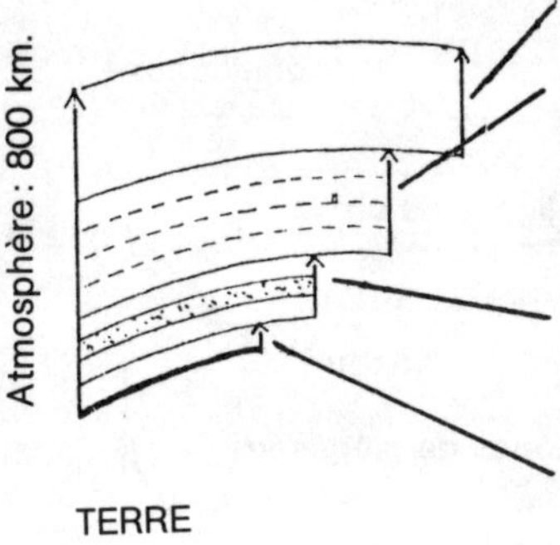

EXOSPHERE

IONOSPHERE : propagation des ondes électromagnétiques (ondes magnétiques naturelles et artificielles), composée de quatre couches.

STRATOSPHERE : épaisseur 100 km, composée de trois couches dont la couche centrale, l'OZONE.

TROPOSPHERE : épaisseur 8 km au Pôle Nord, 12 km à l'Equateur.

- Différence de densité due à la gravitation

- Plus on monte, plus la densité diminue.

Notes : Concernant l'OZONE, il y a des trous vers les pôles qui sont dus à la concentration du gaz fréon (réaction de chlore qui détruit l'OZONE); danger d'irradiation.

– l'exosphère, qui se confond avec le milieu interplanétaire. Elle débute à environ 1 000 kilomètres de la Terre ;

– l'ionosphère, à 600 kilomètres, dont les particules d'air sont fortement chargées d'électricité par les radiations solaires. C'est principalement dans la base de l'ionosphère que les météores se consument et se désagrègent au contact de l'air ;

– la stratosphère : la mince couche d'ozone, au cen-

La magnétosphère

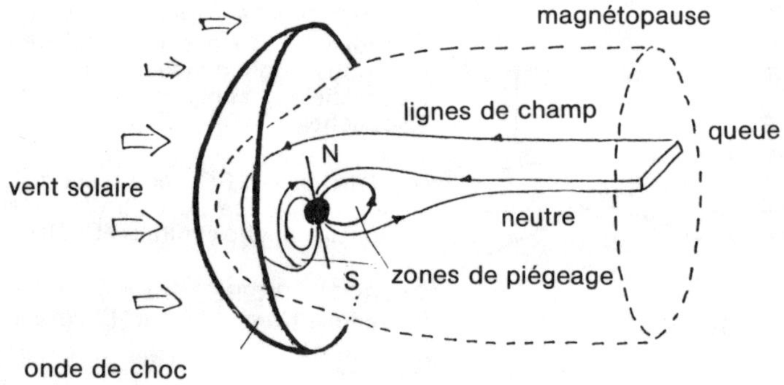

tre, absorbe les rayons ultraviolets et nous procure ainsi de la chaleur ;

— la troposphère : à entre 8 et 15 kilomètres de la Terre, elle contient 85 % de la masse atmosphérique et presque toute la vapeur d'eau. Les conditions atmosphériques sont limitées à cette couche, qui est relativement mince.

Les différentes couches filtrent les rayons cosmiques qui sont bombardés sur la planète et nous protègent des ondes électromagnétiques ultracourtes et ultrapénétrantes. Ces énergies peuvent dans certains cas entrer en interférence avec les émissions telluriques et donner naissance à des hauts lieux cosmo-telluriques dont l'intensité énergétique varie avec la position du Soleil (équinoxes, solstices).

Les circuits initiatiques

Il est maintenant reconnu que les oiseaux migrateurs et les baleines se servent de ces courants magnétiques pour se diriger dans leurs migrations.

Au même titre, les circuits initiatiques empruntent les points forts du magnétisme terrestre où le futur initié s'imprègne des énergies cosmo-telluriques. Ces pérégrinations permettent à ce dernier de développer son propre taux vibratoire et de débloquer différentes facultés, de manière à percevoir et à ressentir certaines subtilités et certains phénomènes, afin de communiquer avec la quintessence de la vie et d'élever son niveau de conscience.

Les Anciens, constructeurs de mégalithes et de pyramides, les bâtisseurs de cathédrales avaient la connaissance des subtilités cosmo-telluriques et les utilisaient pour accéder à des états de conscience supérieurs.

La symbolique des édifices sacrés témoigne de ce savoir :

— les courants telluriques, la vouivre, sont symbolisés par les dragons, les serpents ou d'autres reptiles... ;

— les forces cosmiques sont représentées par les aigles, les cerfs... ;

— les interférences cosmo-telluriques se reconnaissent par saint Michel terrassant de sa longue épée le dragon, ou la Vierge foulant de ses pieds les serpents.

Modification du tracé des courants telluriques

L'écorce terrestre refroidit, les secousses sismiques créent de nouvelles failles et modifient la trajectoire des cours d'eau souterrains.

Les mouvements naturels perturbent les tracés des courants telluriques et, par voie de conséquence, l'emplacement des hauts lieux.

Les masses métalliques de nos constructions actuelles, l'envahissement des lignes à très haute tension, les voies ferrées, les transformateurs, les centrales nucléaires, les ensembles urbains, les usines, l'exploitation des gisements de fer contribuent à déplacer les lieux magiques et sacrés, rendent « stériles » certains hauts lieux jadis réputés et en « produisent » ainsi de nouveaux.

L'originalité de notre démarche est de présenter uniquement les hauts lieux aujourd'hui en activité, dont certains ne manqueront pas de surprendre le lecteur.

Comment avons-nous retrouvé les hauts lieux guérisseurs ?

Pour retrouver ou découvrir les points forts du magnétisme cosmo-tellurique, les recherches s'articulent autour de différents critères, afin que l'on puisse obtenir des confirmations réelles et avoir des points de convergence.

Après une minutieuse étude sur le terrain avec les

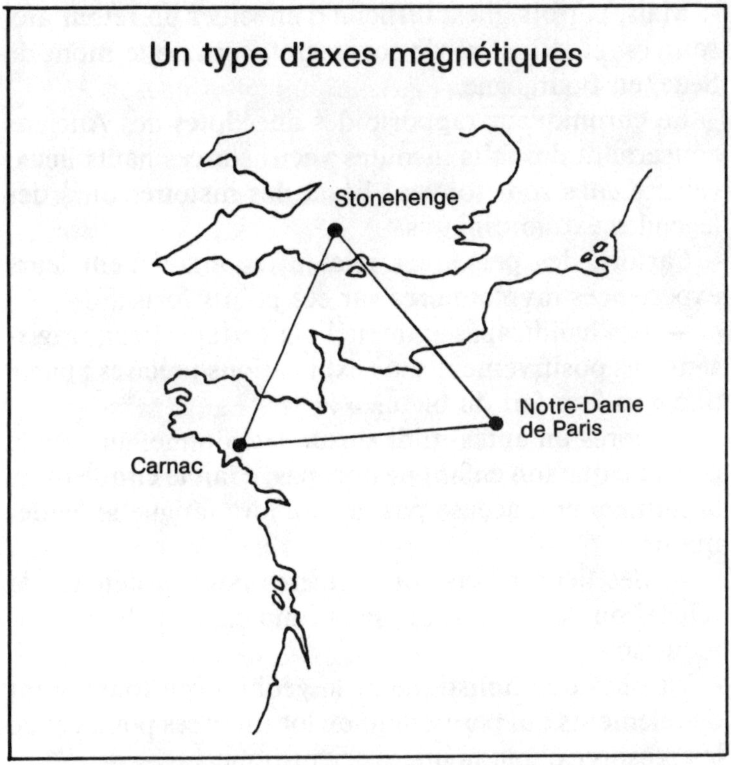

différents instruments de mesure, pour dégager les grandes lignes énergétiques, interviennent les connaissances de l'historien. Celui-ci apporte les preuves irréfutables de l'existence de ces hauts lieux, car ils correspondent très souvent (s'ils sont encore en activité) à d'anciens sanctuaires celtiques, comme la montagne sacrée du mont Sainte-Odile dans les Vosges, ou à d'antiques centres de cure et de guérison du corps, de l'âme et de l'esprit, tels que Grand-Grannus, en Lorraine...

Mais, parfois, il est difficile d'effectuer un retour aux sources, et le lieu garde son secret, comme le mont de Sène, en Bourgogne.

Le chroniqueur rapporte des anecdotes des Anciens concernant des faits insolites vécus sur ces hauts lieux, car ces sites sont souvent liés à des histoires ou à des légendes extraordinaires.

Parfois, des personnes relatent spontanément leurs expériences involontaires sur ces points forts :

— des handicapés emmenés sur certains lieux réagissent très positivement sans explications précises : parce que « ça leur fait du bien... » ;

— après un après-midi sur un site donné, un couple constate que son enfant ne dort pas, « fait le cirque toute la nuit... » et n'accuse pas la moindre fatigue le lendemain ;

— des lieux précis sont préférés pour la détente, la relaxation, la méditation, sans connaissance du cosmotellurisme.

La physique holistique et la géobiologie fournissent des éléments qui permettent de localiser ces points et de les mesurer d'une manière scientifique.

Les appareils de mesure électroniques très élaborés constatent des anomalies étonnantes : anomalie du champ magnétique terrestre ; différence de potentiel électrique ; radioactivité anormale ; résistance de terre trop élevée ou trop faible.

Différents types de fréquence correspondant aux énergies cosmo-telluriques

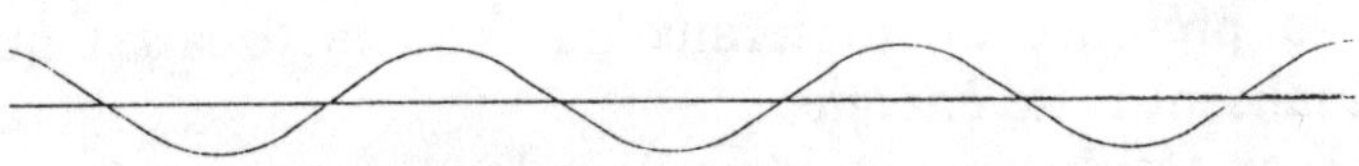

Amplitude large et courte
rencontrée en Ile-de-France et en Aquitaine (sédative)

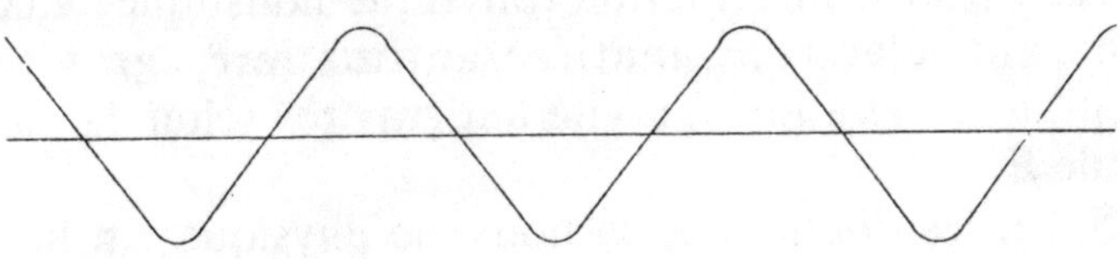

Amplitude large et profonde
qui caractérise les Pyrénées et la Normandie (profondément reposante, relaxante et restructurante)

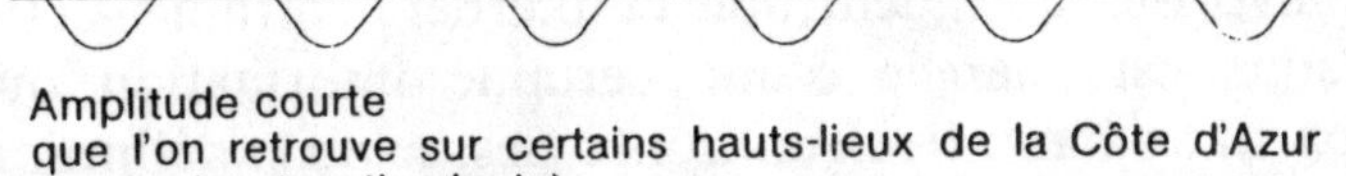

Amplitude courte
que l'on retrouve sur certains hauts-lieux de la Côte d'Azur (euphorisante, stimulante)

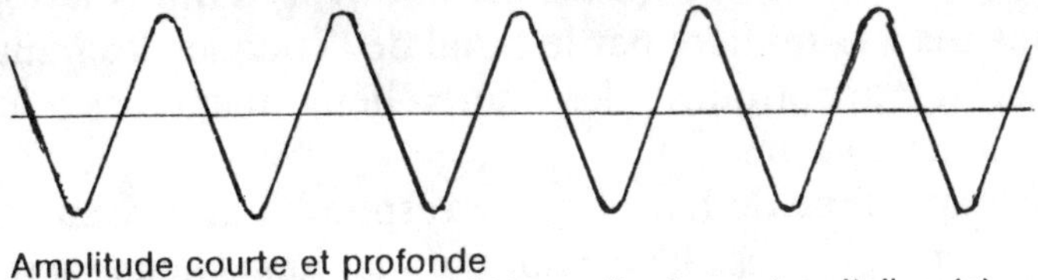

Amplitude courte et profonde
caractérisant la Bretagne et l'Alsace (tonique et revitalisante)

La physique holistique et les niveaux de conscience

Un haut lieu cosmo-tellurique est la résultante d'un « plus » physique (physique classique : atome, proton, électron). Par exemple, une interférence géologique et géomagnétique par la présence d'un courant tellurique et la présence de minéraux particuliers (quartz) qui canalisent cette énergie.

Il en résulte une incidence sur le champ énergétique du lieu (physique quantique : quarks), lui-même porteur d'une certaine information (physique holistique : électron/anti-électron, matière/antimatière, gravitation/antigravitation, gravité/antigravité, selon la formule $E = Mc^2G^4$).

Selon les données de la nouvelle physique, un haut lieu est donc la résultante de trois facteurs : matière ; énergie ; information.

Du lieu émane ainsi un certain potentiel d'énergie qui va favoriser la néguentropie et retarder l'entropie. Cette énergie est chargée d'une certaine information qui répartit les hauts lieux en trois types, selon la définition de la vie, qui n'est qu'un certain type d'information transmis à la matière par le canal de l'énergie : les hauts lieux thérapeutiques ; les hauts lieux magiques ; les hauts lieux sacrés.

Chaque type de haut lieu correspond à un niveau de conscience, le plus élevé étant pour les hauts lieux sacrés et le plus bas pour les hauts lieux thérapeutiques, les plus proches de la matière :

Les différents niveaux de conscience

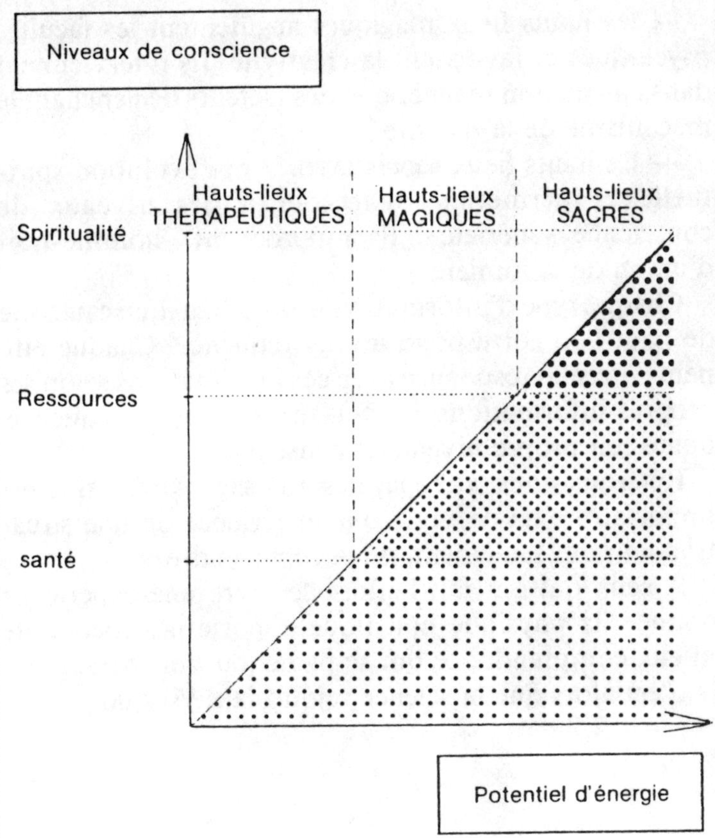

— les hauts lieux thérapeutiques réharmonisent les corps subtils de notre être, revitalisent, régénèrent, soulagent, stimulent, apaisent le corps physique et le corps énergétique. Ils permettent d'accéder à d'autres états de conscience et ont une action sur le système endocrinien ;

— les hauts lieux magiques augmentent les facultés psychiques et favorisent la créativité. Ils interviennent dans l'attraction magnétique des facteurs déclenchant le mécanisme de la réussite ;

— les hauts lieux sacrés favorisent l'évolution spirituelle et permettent d'accéder à des niveaux de conscience supérieurs. Ils rapprochent l'homme-trait d'union de la lumière.

Chaque type d'information propre à chaque catégorie de haut lieu correspond à une fréquence. Chaque être peut entrer en résonance avec ces informations selon ses propres informations, c'est-à-dire sa propre fréquence, donc, son propre niveau de conscience.

Référons-nous aux paroles du sage : « Ce qui est important, c'est de vivre une expérience ou une situation, et non, seulement, de la comprendre. »

A ceux qui ont fait l'effort de vivre une expérience donnée, la physique holistique apporte la capacité de mieux comprendre ce qui se passe (ou s'est passé).

C'est alors que la science rejoint la mystique.

Mesure du champ magnétique terrestre en trois dimensions (ordinateur)

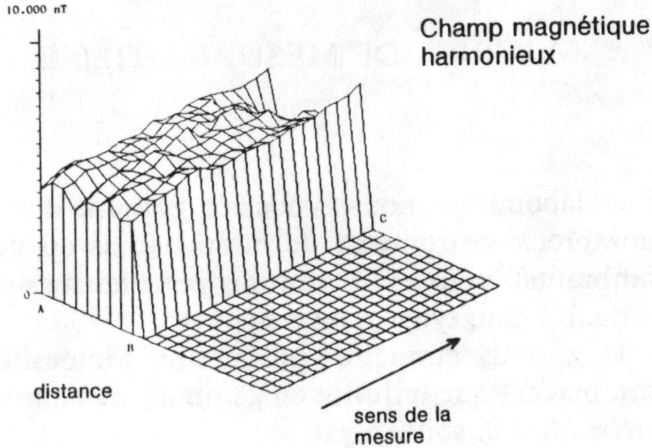

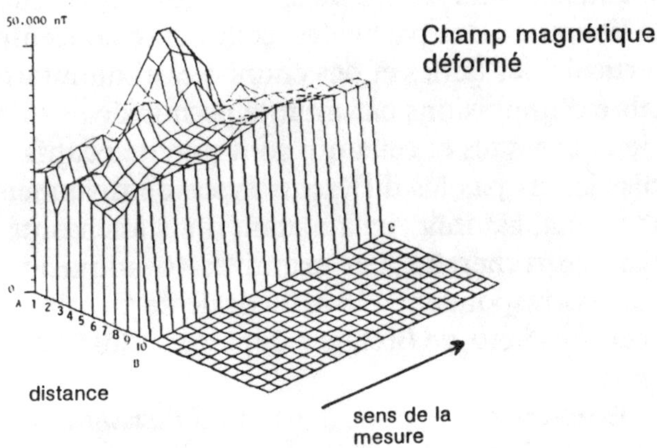

MATÉRIEL DE MESURE UTILISÉ

Si, en laboratoire, nous avons la possibilité d'utiliser de nombreux instruments de mesure (plus ou moins encombrants), nous nous limitons pour les mesures à l'extérieur à cinq types d'instruments :

— le géomagnétomètre qui mesure l'intensité du champ magnétique terrestre en gammas, ou nanoteslas (environ 56 000, soit 0,5 gauss) ;

— le radioactivité-mètre permet de connaître la radioactivité d'un lieu. L'on sait, par exemple, que, lors de la libération des particules, celles-ci se concentrent à la verticale des failles et des cours d'eau souterrains. Le nombre d'impulsions par minute permet de reconnaître les lieux toniques et ceux qui sont plutôt sédatifs. Nous ne dissocions pas les différents types de rayonnements (alpha, bêta, gamma), cela n'étant d'aucune utilité dans ce type de recherche. Par exemple, 40 impulsions par minute correspondent à la cathédrale de Chartres, alors que certains lieux de Bretagne dépassent 200 impulsions par minute ;

— le telluromètre pour mesurer la résistance de terre (ohmmètre de terre) ;

— du matériel de radiesthésie et de radiesthologie :

Matériel de mesure utilisé par l'Institut de Recherches HABITAT et SANTE

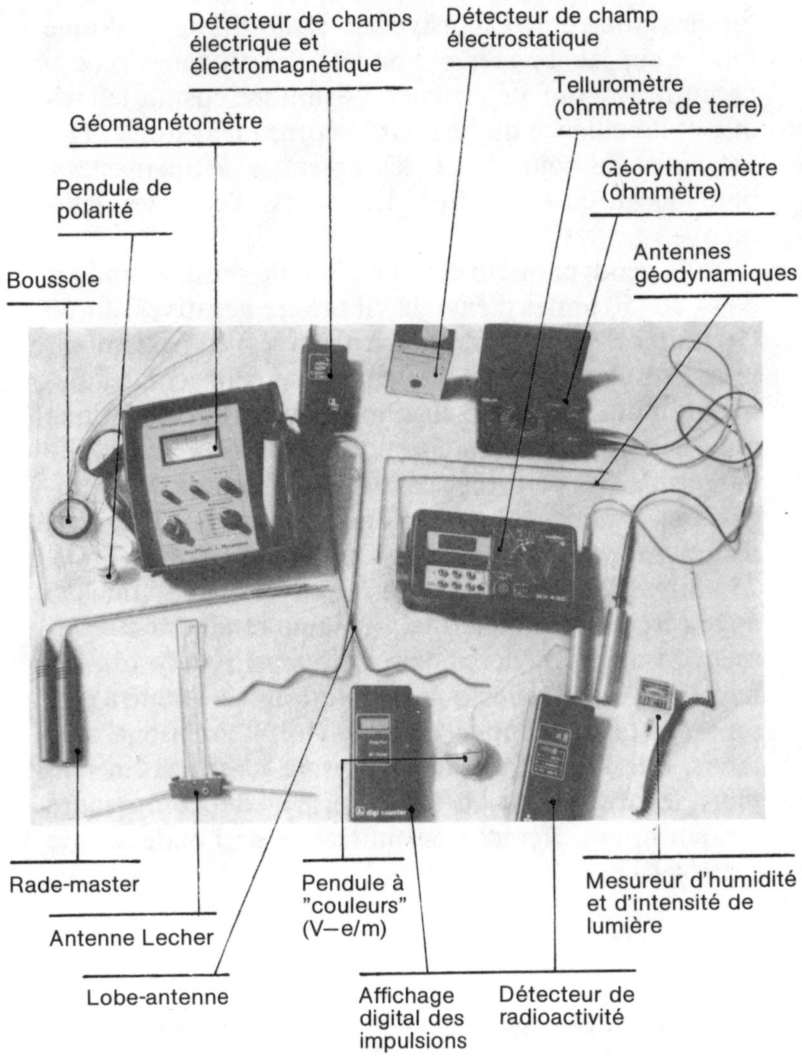

différents types de pendules de radiesthésie pour reconnaître par syntonisation des différentes énergies vibratoires (utilisation exclusive en radiesthésie physique fondée sur les longueurs d'onde) ; des antennes géodynamiques [1] pour déterminer l'équilibre cosmo-tellurique et l'incidence du lieu sur le corps énergétique. Des baguettes de sourcier et des antennes « rademaster » pour localiser les failles, les cours d'eau, les gisements... ;

— le géodynamètre est une règle de mesure graduée de — 50 (50 unités d'énergie vibratoire négatives) à + 50 (50 unités d'énergie vibratoire positives) en passant par le neutre, c'est-à-dire 0. C'est la mesure au géodynamètre qui nous renseigne sur l'intensité cosmo-tellurique d'un lieu ou d'une habitation (onde de vie). Ainsi, une habitation très perturbée par des interférences de micro-énergies pathogènes (cours d'eau souterrains, failles) n'aura qu'une onde de vie très faible, par exemple, 25 unités d'énergie vibratoire négatives (— 25) [maison à cancer], alors qu'une maison saine atteindra allégrement 15 unités d'énergie vibratoire positives (+ 15). Un haut lieu cosmo-tellurique magique ou sacré pourra présenter jusqu'à 35 unités positives (+ 35). Précisons, toutefois, que la progression de mesure n'est pas linéaire mais logarithmique, ce qui permet de comprendre l'importante différence de puissance de l'onde de vie entre + 10 et + 35.

---

1. Mises au point par l'institut de recherches Habitat et Santé, 68130 Altkirch.

LES MYSTÈRES DU CENTRE ÉNERGÉTIQUE DE L'HEXAGONE

Le Massif central, et particulièrement l'Auvergne, abrite plusieurs Vierges noires dont l'origine culturelle reste mystérieuse.

« Je suis noire, mais je suis belle, filles de Jérusalem... » Ce vers célèbre du Cantique des cantiques, dont la création a été attribuée légendairement au roi Salomon, a suscité bien des commentaires et reste empreint d'une aura énigmatique.

Les Vierges noires succèdent à une divinité celtique symbolisant la fécondité ou le culte des eaux.

La tradition celtique a placé ces divinités aux intersections des courants telluriques et des méridiens énergétiques.

Dans la mythologie grecque, Antée, fils de Poséidon et de Gaia, déesse de la Terre, reprenait ses forces chaque fois qu'il touchait la terre.

Sur le plan cosmo-tellurique, le nord de l'Auvergne représente le centre énergétique de l'Hexagone (le Hara), d'où se propage en spirale l'énergie tellurique.

Les Vierges noires, déesses de la Terre-mère, symboles de la vouivre, du tellurisme, de l'eau, de la fécondation, incarnent harmonieusement ce centre énergétique qui est de surcroît un immense château d'eau [1].

Origines

A l'ère primaire (il y a environ 400 millions d'années), la mer recouvre l'Hexagone, et le plissement hercynien fait surgir le sol granitique de l'Auvergne sous forme de hautes montagnes.

C'est l'ère d'une prodigieuse végétation, avec un climat chaud et humide où foisonnent batraciens, sauriens, poissons géants... Les oiseaux et les mammifères n'apparaîtront que bien plus tard.

A cette époque, les forêts sont soumises au ruissellement de pluies diluviennes. Les débris végétaux sont entraînés dans les dépressions qui bordent l'Auvergne et enfouis sous les alluvions.

A l'abri de l'air, une fermentation les transforme lentement en houille.

A l'ère secondaire (150 millions d'années), l'Auvergne, malmenée par l'érosion (pluies, gel, eaux courantes), s'est transformée en un vaste plateau entouré par la mer. C'est la période où la nature se discipline au rythme des saisons ; arbres à feuillage et conifères font leur apparition.

A la fin de l'ère secondaire, le Massif central est de nouveau recouvert entièrement par les eaux. Des ter-

1. La carte des eaux minérales du docteur Petit, dressée au siècle dernier, recense plus de 400 sources dans le département du Puy-de-Dôme.

rains sédimentaires, argileux et calcaires s'accumulent sur le sol granitique.

A l'ère tertiaire (qui s'étend sur 60 millions d'années), l'Auvergne émerge lentement sous l'action du relèvement provoqué par le refroidissement terrestre. L'érosion s'attaque aux dépôts calcaires.

A cette époque surgissent les chaînes des Pyrénées et des Alpes, qui ébranlent fortement le Massif central. Son centre se lézarde et se disloque.

Entre les failles titanesques apparaissent monts (Forez, Livradois), plaines (Limagne, plaine d'Ambert) et bassins (Aurillac, Brioude, Le Puy), où se sont accumulés les sédiments.

Des volcans s'édifient sous les éruptions du magma en fusion. Les massifs du Mont-Dore et du Cantal prennent forme.

C'est du début de notre ère (2 millions d'années) que date la chaîne des volcans du Dôme.

L'ère quaternaire se caractérise par le refroidissement de l'atmosphère du globe. Les régions les plus élevées et les plus exposées aux vents d'ouest se couvrent à plusieurs reprises de glaciers.

Ces masses gigantesques se déplacent et creusent de larges cuvettes, donnant naissance à des lacs, à des dépressions marécageuses, à des buttes rocheuses ou à des surfaces moutonnées.

Sur le plan historique, c'est au VIe siècle av. J.-C. que l'Auvergne est occupée par des Celtes, les Arvernes, dont la capitale devient Gergovie.

Le terme celte *arvern* signifie « terre des sommets ».

Le plateau de Gergovie, au-dessus de Clermont-Ferrand, est célèbre par la bataille qui opposa Vercingétorix à César en mars de l'an 52 av. J.-C.

Cette région attira les Romains par la richesse de son sol et les bienfaits des eaux thermales.

Le puy de Dôme

Le volcan le plus ancien, le plus élevé et le plus célèbre de la chaîne des Puys est un haut lieu sacré qui domine la plaine de 500 mètres.

L'énergie tellurique jaillit des entrailles de la Terre et se propage horizontalement dans l'Hexagone selon un tracé en forme de spirale.

Du haut de ses 1 465 mètres, le « géant » dépasse de 200 mètres les autres puys.

Le terme « puy », qui désigne la plupart des volcans d'Auvergne, dérive du latin *podium,* signifiant « lieu élevé ».

Haut lieu cosmo-tellurique de tout premier ordre, le puy de Dôme a été déparé et amputé d'une partie de son potentiel énergétique par l'implantation d'une tour de télédiffusion.

Montagne sacrée, où les Gaulois bâtirent en l'honneur du dieu Teutatès un temple, et où les Romains en érigèrent un autre dédié à Mercure « Dumias », le puy de Dôme est associé à de nombreux mystères.

Les pierres utilisées pour la construction des temples par les différents bâtisseurs ne proviennent pas du puy de Dôme, mais du Sarcouy et du puy de l'Aumône.

En effet, probablement par respect envers la montagne sacrée, ils n'utilisèrent pas la domite du puy de

Les Monts d'Auvergne

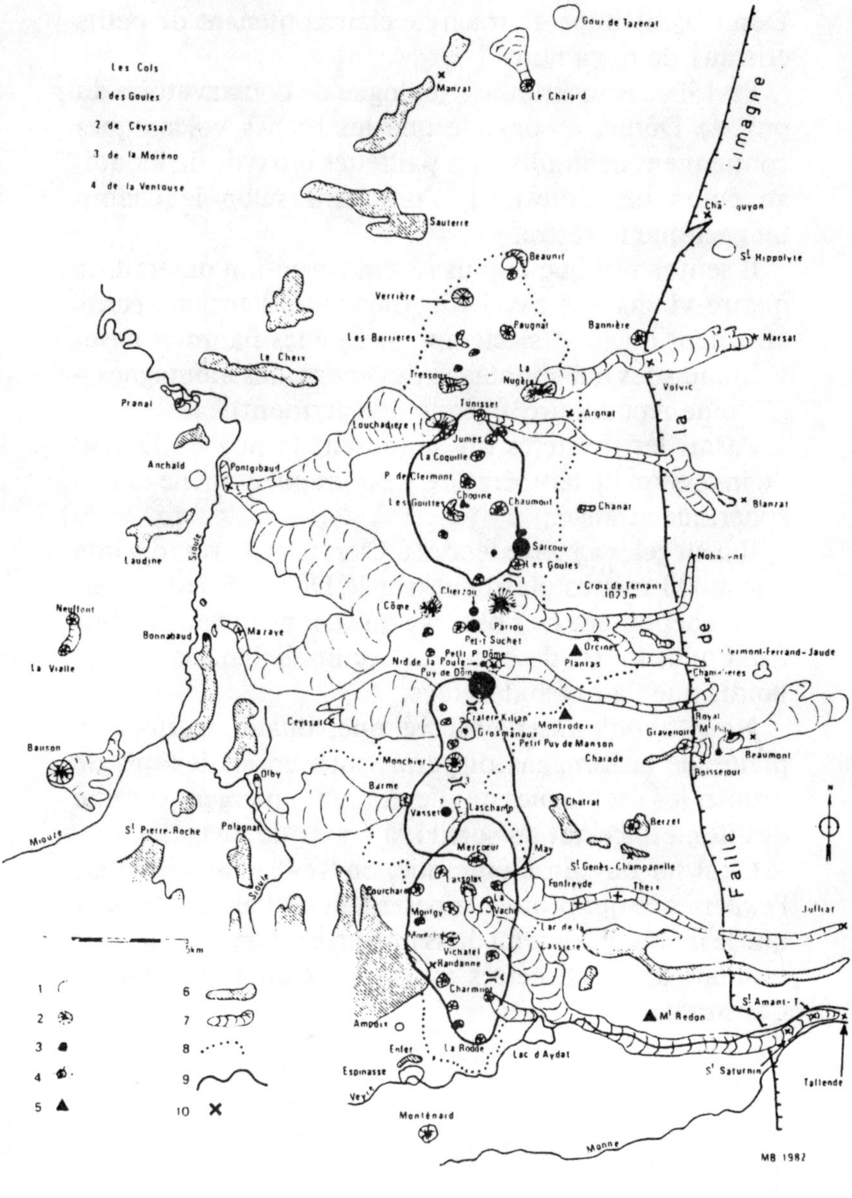

Dôme, constituée de trachyte clair contenant de petits cristaux de mica noir.

En 1900, Jean Brunhes, géologue de l'observatoire du puy de Dôme, a constaté que les roches volcaniques contiennent de minuscules paillettes d'oxyde de fer qui, au cours des éruptions, s'orientent selon le champ magnétique terrestre.

Il semblerait que la plus récente éruption daterait de quatre-vingts ans av. J.-C., bien que d'anciens écrits affirment qu'au Ve siècle apr. J.-C. « les flammes ensevelirent, sous une montagne de cendre, des montagnes » (Sidoine Apollinaire, évêque de Clermont).

Parmi les mystères qui entourent le puy de Dôme, l'« inversion de température » est un phénomène atmosphérique étrange.

Il peut geler à pierre fendre à Clermont-Ferrand, alors que 1 000 mètres plus haut, sur le Dôme, il fait doux.

Ce phénomène ne s'observe que par beau temps. L'air froid, plus lourd, descend et s'accumule dans la plaine, tandis que l'air chaud s'élève.

Nous avons aussi observé que, quand, parfois, la plaine de la Limagne disparaît sous un épais tapis de brume, les montagnes qui l'entourent émergent comme des îles, étincelant au soleil : la « mer de nuages ».

C'est au puy de Dôme que, en 1648, Pascal réalisa l'expérience qui prouva la pesanteur de l'air. Il constata que le mercure contenu dans un verre où on a fait le vide montait 8,4 centimètres moins haut au sommet qu'à Clermont.

Montagne sacrée

Depuis les temps les plus reculés, le puy de Dôme est considéré comme un haut lieu cultuel.

En 1872, lors de la construction de l'observatoire, on découvrit les fondations d'un temple grandiose qui avait été détruit au cours des invasions barbares.

Au XIIe siècle, une petite chapelle de pèlerinage dédiée à saint Barnabé, compagnon de saint Paul, remplace un ancien sanctuaire chrétien. La chapelle disparaît au XVIIIe siècle.

La meilleure manière d'accéder à la montagne sacrée du puy de Dôme, pour le pèlerin chercheur, est d'emprunter à pied la voie romaine et de laisser la voiture au col de Ceyssat (1 078 m).

C'est par cette pente de 35 à 40 % que montaient les chars tirés par des chevaux pour le transport des matériaux destinés à la construction du temple romain.

On accédait au temple de Mercure par une série de terrasses et d'escaliers. Plus de cinquante sortes de marbre étaient employées. A l'endroit de la tour de relais de télédiffusion se dressait probablement la statue de bronze de Mercure, œuvre du sculpteur grec Zénodore.

Sur la terrasse supérieure des ruines, on aperçoit le soubassement carré du sanctuaire.

Un sentier contourne l'ensemble et passe devant le monument rappelant l'exploit de l'aviateur Renaux, qui relia Paris au puy de Dôme en cinq heures et onze minutes le 7 mars 1911.

L'énergie tellurique est très puissante et dépasse les 28 unités positives. Avant l'implantation du relais, le mont atteignait probablement les 45 unités positives.

Au nord et au sud s'alignent sur une trentaine de kilomètres une centaine de volcans éteints, qui forment les monts Dôme, véritable musée de formes volcaniques.

Dans ce paysage lunaire unique en France, on distingue nettement, au nord, de grosses taupinières sans cratère (Sarcouy, Petit-Suchet, Clierzou), et les authentiques volcans (petit puy de Dôme, nid de la Poule, puy de Côme, Pariou, Louchadière et Grand-Suchet).

Ces « mondes de volcans jetés parmi les autres mondes », écrivait Victor Hugo, offrent un spectacle grandiose quand le soleil se couche et que les impressions de traînées de feu passent entre les cônes.

Le puy de Sancy et la haute vallée de la Dordogne

Si la chaîne des Puys possède un haut lieu tellurique qui est le puy de Dôme, celui du massif du Mont-Dore est le puy de Sancy et l'auge glacière où s'écoule la Dordogne.

Le Mont-Dore et La Bourboule sont favorisés par cette alchimie cosmo-tellurique où l'énergie revitalisante fuse abondamment.

Le puy de Sancy, avec ses 1 885 mètres, est le plus haut sommet des monts Dore et de tout le Massif central.

L'altitude originelle de cet ancien volcan est estimée à 2 500 mètres.

Le massif du Mont-Dore se caractérise par une géologie fort complexe (empilements volcaniques dénommés par les géologues et les géomorphologues « stratovolcans »), qui s'organise autour de quatre centres éruptifs possédant chacun leurs particularités :

— le groupe du Sancy, avec ses arêtes, ses aiguilles et ses vallées glaciaires ;

— les dômes des pays de l'Angle et de la Tache ;

— le pays de l'Aiguiller, avec ses formes massives ;

— la région de la Banne-d'Ordanche, avec ses coulées et ses culots.

Les roches du Mont-Dore se distinguent par l'association de deux séries de laves, dont l'une est excédentaire en silice et l'autre déficitaire, ce qui est extrêmement rare sur la planète.

Le réseau de failles qui parcourt le soubassement des volcans interfère avec différents courants telluriques. Après avoir facilité le passage du magma, ces volcans favorisent aujourd'hui les remontées hydrothermales créant des hauts lieux cosmo-telluriques très puissants.

Cet ensemble de volcans ruinés, nés à la fin de l'ère tertiaire, constitue une des plus pittoresques régions d'Auvergne : reliefs, profondes vallées, cascades, lacs.

Des empreintes et des ossements retrouvés dans les cendres volcaniques prouvent qu'une végétation tropicale tapissait les flancs des volcans. Tigres, éléphants, rhinocéros les peuplaient.

En 1824, deux jeunes chasseurs ont découvert une dent de mastodonte, l'ancêtre de l'éléphant, et des bois de cerf préhistoriques.

Si le puy de Dôme est incontestablement un haut lieu

sacré, celui de Sancy, dans le massif du Mont-Dore, abrite plutôt des lieux magiques et thérapeutiques.

Le puy de Sancy

On accède au sommet du puy de Sancy, qui se trouve à environ 5 kilomètres du Mont-Dore, par un téléphérique.

De la station supérieure, un sentier permet d'atteindre le sommet en un quart d'heure de marche.

L'onde de vie atteint 24 unités positives, voire 26 en certains points. La radioactivité avoisine les 105 impulsions par minute. Le puissant tellurisme de ce puy stimule d'une manière salutaire l'énergie des êtres qui s'y trouvent.

Les promenades sont très bénéfiques, car le corps énergétique des pèlerins chercheurs entre en résonance très facilement avec l'énergie du lieu et se régénère comme une éponge sèche au contact de l'eau.

Au sud-est du puy de Sancy, la chapelle de la Vassivière a perdu une grande partie de son énergie, mais mérite d'être citée pour sa Vierge noire. Celle-ci, portée par 60 hommes, quitte solennellement l'église Saint-André de Besse le 2 juillet pour retrouver son refuge de montagne lors de la fête de la Montée.

Le dimanche suivant l'équinoxe d'automne, lors de la fête de la Dévalade, elle réintègre l'église du village.

La chapelle de pèlerinage s'élève sur un beau site pastoral très reposant. Au XVIIe siècle, Vassivière est classée parmi les plus célèbres lieux de pèlerinage de France, comme l'attestent les archives et les ex-voto.

Les archives du pèlerinage possèdent des milliers de témoignages [1].

Le Mont-Dore

Station thermale et station de sports d'hiver, Le Mont-Dore, à 1 050 mètres d'altitude, était déjà connu des Gaulois et des Romains.

Les eaux étaient déjà exploitées par les Gaulois, dont on a découvert les restes sous les thermes romains.

Situé sur les bords de la Dordogne, dans un magnifique cirque de montagnes dominé par le puy de Sancy, Le Mont-Dore est un haut lieu thérapeutique très complet, puisque la thérapie subtile du cosmo-tellurisme renforce les effets bénéfiques du thermalisme.

C'est sous Louis XIV que le « Mont d'Or », comme l'écrivait Mme de Sévigné, commença à se développer. La clientèle avait beaucoup de difficulté à se rendre à la station, car les routes d'accès étaient presque inexistantes.

C'est seulement aux XVIIIe et XIXe siècles que le réseau routier fut constitué.

Le Mont-Dore possède les eaux les plus siliceuses de France. Elles sont chargées d'acide carbonique émergeant de filons de lave à l'intérieur de l'établissement thermal, à une température de 38 à 44 °C.

Les thérapies appliquées sous formes buccales — inhalations, pulvérisations, bains, douches — donnent de

1. René Crozet, *Le nouveau guide de l'Auvergne qui guérit* (Horvath).

bons résultats pour les affections respiratoires et les rhumatismes. Dans ce dernier cas, on effectue des injections sous-cutanées de gaz thermaux.

A l'intérieur de l'établissement thermal sont conservés des vestiges des thermes et du temple (panthéon) romains.

De nombreuses promenades sont offertes par les environs du Mont-Dore, comme le « Salon du Capvein », une clairière pittoresque à laquelle on peut accéder par funiculaire.

Si l'on préfère les sous-bois, on empruntera la promanade des Artistes, au sud de l'agglomération.

Trois cascades contenant des ions négatifs à profusion se trouvent non loin du Mont-Dore. La plus belle, celle du Queureuih, tombe d'une falaise basaltique haute de 30 mètres.

La Fontaine pétrifiante, au nord-ouest, est une source contenant beaucoup de carbonate de chaux. L'eau est dirigée dans des canaux remplis de copeaux de bois, puis de cailloux, où elle se débarrasse du soufre et de ses carbonates ferreux.

Au bout de trois à six mois, l'eau recouvre les objets d'une couche brillante de carbonate de chaux.

La Bourboule

Une autre station thermale qui concilie cosmo-tellurisme et thermalisme est La Bourboule, à 852 mètres d'altitude.

Station pour les enfants par excellence, c'est le lieu idéal pour leur repos et leur détente.

Deux sources sont exploitées à La Bourboule : l'une chaude, à Choussy-Perrière (60 °C) ; l'autre froide, à Fenêstre (19 °C).

Ces eaux contiennent de l'arsenic métalloïde. Elles furent employées contre les maladies des voies respiratoires et les dermatoses, notamment d'origine allergique.

Les thérapies sont appliquées par inhalations, aérosols, bains et douches.

Le premier établissement de bains a vu le jour en 1821. En ce temps-là, les douches étaient alimentées à l'aide d'une pompe à main qu'actionnait un vieux paysan.

C'est en 1854 que le chimiste Thénard découvrit de l'arsenic dans les eaux, et aussitôt une fièvre « puisatière » gagna les habitants de La Bourboule. Chaque propriétaire se mit à explorer et à sonder les moindres recoins de son lopin de terre pour y trouver une source. Une véritable « guerre de puits » s'instaura dans cette riante vallée de la haute Dordogne, où, avant cette découverte, rien ne venait troubler la paix et le calme pastoral.

Les possibilités de promenade régénératrice sont nombreuses.

Le parc de Fenêstre, paradis des enfants, est un magnifique espace boisé de séquoias, et pourvu de grandes pelouses.

A une dizaine de minutes, les enfants s'émerveilleront devant le rocher des Fées, rocher de granite qui domine d'une cinquantaine de mètres le quartier thermal.

A l'est de La Bourboule, sur la rive gauche de la Dordogne, on peut, après quelques sentiers raides, accéder à deux cascades purificatrices :

— la cascade de la Vernière, formée par le Cliergue sur une grosse roche volcanique ;

— la cascade du Plat-à-Barbe, haute de 17 mètres, dont le nom provient de la forme de la petite cuvette creusée par les eaux.

LE BERRY DE GEORGE SAND

George Sand, la marraine incontestée du Berry, a passé plusieurs années de sa vie à Nohant, au centre d'un triangle formé par trois hauts lieux cosmo-telluriques :

— l'abbaye de Grandmont, dans la forêt de Châteauroux ;

— les Pierres Jaumâtres, à l'ouest de Montluçon ;

— l'abbaye de Plaimpied, au sud de Bourges.

Si Nohant est un haut lieu du romantisme européen, où la « grande dame du siècle », comme l'appela Victor Hugo, reçut des célébrités telles que Franz Liszt, Marie d'Agoult, Honoré de Balzac, Frédéric Chopin, Eugène Delacroix, Théophile Gautier, Alexandre Dumas fils, Flaubert, Tourgueniev et d'autres, les énergies vibratoires n'ont pas joué un rôle d'attraction particulier. Ces « pèlerinages » sont uniquement dus au prestige de George Sand.

Le Berry est un des plus vieux terrains agricoles de la France. Il forme une zone de contact entre le Bassin parisien et le Massif central.

Empreint de magie et de mystère, le Berry se présente comme un vaste plateau de faible altitude, relevé au nord-est et s'abaissant à l'ouest. Au sud, le terrain est plus accidenté.

Son soubassement de terrains cristallins fut, à l'ère secondaire, recouvert par les eaux, qui y déposèrent des sédiments.

Le potentiel énergétique du Berry est concentré en deux zones bien spécifiques :

— le Boischaut, au sud de Châteauroux, aux terres argileuses ;

— la Champagne berrichonne, au sud de Bourges, au sol calcaire.

D'après l'implantation des églises et des chapelles du secteur de Boischaut, il semblerait que le centre énergétique se soit légèrement déplacé vers le nord-ouest.

Neuvy-Saint-Sépulchre, Nohant-Vic, La Berthenoux, Saint-Denis-de-Jouhet, Chassignolles sont en effet concentrés au nord-est de la forêt de Châteauroux. Le géodynamètre n'y mesure qu'une intensité commune.

L'ancienne abbaye de Grandmont

Le véritable haut lieu encore en activité se trouve dans la forêt de Châteauroux.

Cette forêt domaniale de plus de 5 000 hectares, où les chênes dominent, abrite les ruines de l'abbaye de Grandmont, où l'énergie est exceptionnelle.

Situé dans une zone de silence, ce site n'est accessible qu'à pied. Les ruines se trouvent au bord d'un étang, paradis des grenouilles, où la nature a repris tous ses droits.

Un lieu de calme, de paix, où l'on peut redécouvrir la

nature. Le pèlerin chercheur se sentira probablement dépaysé dans ce silence entrecoupé de coassements de batraciens, de sifflements ou de cris stridents d'oiseaux.

Au centre de l'étang, une petite île vous attend. Un haut lieu idéal pour se retrouver et pour faire le point avec soi-même au contact purificateur de la nature. Il est vraiment regrettable que l'on ne se soit pas donné la peine de débroussailler les ruines, qui disparaissent sous les végétaux.

La mesure de l'onde de vie atteint les 34 unités positives en certains endroits. Le radioactivité-mètre indique 70 impulsions par minute, ce qui en fait un lieu plus propice à la méditation et à la contemplation qu'à la recharge énergétique.

Le courant tellurique qui « alimente » Grandmont est le même que celui qui traverse l'ancienne abbaye de Déols, au nord de Châteauroux. Malheureusement, le fait de traverser la ville annihile le potentiel énergétique de ce courant tellurique.

L'abbaye de Déols a été, au Moyen Age, très puissante. Elle fut fondée en 917 par Ebbes le Noble et consacrée par le pape Pascal II.

Le rayonnement et les richesses de cette abbaye bénédictine étaient si grands qu'on la surnommait la « mamelle de saint Pierre ».

L'ancienne abbaye de Plaimpied

Au sud de Bourges, ancien centre alchimique de l'Hexagone, cité de Jacques Cœur, grand argentier du roi de France Charles VII, et de Jean Lallemand, riche négociant en draps et... alchimiste, l'ancienne abbaye de Plaimpied a gardé tous ses attributs cosmo-telluriques.

La Champagne berrichonne, dans cette région, se présente comme un plateau ondulé se développant à perte de vue.

De cette importante abbaye fondée par Richard II, archevêque de Bourges, pour y installer les chanoines réguliers de Saint-Augustin, ne subsiste plus que l'église abbatiale Saint-Martin.

Commencée dès la fin du XIe siècle, sa construction a duré près d'un siècle.

Dans le chœur, on remarquera les chapiteaux qui figurent des monstres et des démons : les forces telluriques.

L'église Saint-Martin de Plaimpied est un des monuments qui avaient été décrits par Prosper Mérimée dans son voyage en Auvergne, en 1838.

Sans jamais avoir connu la célébrité, ce paisible village a néanmoins été témoin d'événements relatés par l'histoire générale [1] :

— le 12 novembre 1285, le convoi funèbre ramenant le corps du roi Philippe III le Hardi de Perpignan à Saint-Denis y fit étape ;

— en 1562, Catherine de Médicis et Charles IX viennent y passer la nuit du 19 août pendant les préparatifs du siège de Bourges.

D'après le *Dictionnaire étymologique des noms de*

1. *Sources :* archives de la mairie.

lieux de France, par A. Dauzat et Ch. Rostaing, le nom de Plaimpied serait composé de deux éléments :

— *planum :* adjectif latin signifiant « plat, uni » ;

— *podium :* « lieu élevé », colline au sommet plus ou moins arrondi. Ici, les ondulations du plateau calcaire creusé par la rivière d'Auron.

La carte archéologique, dressée en 1963, confirme l'évidence d'une occupation fort ancienne. La plus ancienne trace d'occupation des lieux est datée de La Tène finale (– 150 à – 50 environ av. J.-C.) : une sépulture a été découverte à la frange Saint-Jeun.

Les mesures au géodynamètre dépassent les 26 unités positives dans la crypte située sous l'abside.

Le mont Barlot

Aux confins de la Champagne berrichonne, les Pierres Jaumâtres du mont Barlot, masses titanesques, émergent dans un climat insolite, dans une lande de bruyères.

A une altitude de 506 mètres, sur le mont Barlot, d'où on a une belle vue sur le pays berrichon, se dressent une quarantaine d'étonnants blocs de granite.

Pour George Sand, dans son roman *Jeanne,* « ces blocs posés comme des champignons gigantesques sur leur étroite base, ce sont les menhirs, les dolmens, les cromlechs des anciens Gaulois, vestiges de temples cyclopéens..., autels effroyables où l'on égorgeait les prisonniers et les esclaves pour apaiser les farouches divinités.

« Des cuvettes et canelures, creusées dans les angles

de ces blocs, semblent révéler leur abominable usage, d'avoir servi à faire couler le sang. »

Pourtant, aucune atmosphère de souffrance ou de sacrifice n'imprègne ce haut lieu magique, où l'énergie cosmo-tellurique dépasse 24 unités positives et où l'on enregistre, selon les roches, 100 à 190 impulsions par minute pour la radioactivité.

En parcourant le mont Barlot, le pèlerin chercheur songera peut-être au culte des pierres qui, après s'être extériorisé aux temps néolithiques sous la forme de menhirs, resta vivace en Gaule et s'étendit aux roches et aux montagnes.

Les divinités gauloises n'avaient-elles pas la nature pour domaine ?

Sur le massif du mont Barlot, découpé en blocs de formes variées par l'érosion, qui attaqua les cristaux de mica, les Gaulois ont pu trouver certains attributs de leurs lieux. Une tradition rapporte que Teutatès, dieu des Arts, c'est un bloc qui se tient en équilibre au sommet d'un rocher. Taran, le dieu du Tonnerre, affecte une forme ronde, la boule de feu qui roule dans les nuages. Quant au bloc de 14 mètres de longueur qui rappelle un saurien, c'est Esus, le dieu de la Guerre.

Les Pierres Jaumâtres, ou Jomâtres, tiennent-elles leur nom du mot gaulois *Jo-mathr* (« couper, faire couler le sang ») et de leur utilisation comme pierres expiatoires sur lesquelles on pratiquait des sacrifices ?

Ce sont plutôt, vu les vibrations du lieu, les « pierres aux Mâtres ». Les Mâtres étaient les déesses-mères gallo-romaines devenues plus tard les fées, ou Fades. A proximité de ces pierres jaillissaient, raconte la légende, des sources chaudes dont les eaux guérissaient les maladies des gens du pays. Mais quand ceux-ci se convertirent au christianisme, ils désertèrent les sources. Furieuse, la Grande Fade bondit sur la plus haute des pierres, frappa la roche d'un coup de pied violent, et les sources aussitôt se tarirent. Puis elle lança au loin un lourd galet en proférant : « Là où ce galet tombera, la source rejaillira. » Il alla tomber à Evaux, qui devint une station thermale...

On dit aussi qu'est enterré aux Pierres Jaumâtres le trésor de l'ancienne ville de *Toull.* Un veau d'or sort de son gîte à certaines époques, soufflant le feu par les naseaux. Malheur au coupable qui le rencontre. Mais si une personne sage et pure a le bonheur de le voir pendant la nuit de Noël, à l'heure de la messe, elle domptera l'animal, qui la guidera jusqu'à son repaire, où se trouve le trésor qu'elle devra distribuer. Ainsi elle ramènera « l'âge d'or et l'ère du bonheur ».

Qualifiées en 1806 par Barailon de « monuments celtiques et romains », ces imposantes masses de granite ne semblent pas prêtes à dévoiler leur secret.

A quelques kilomètres à l'est du mont Barlot, dans le Bourbonnais, le mystérieux donjon de la Souche, avec son puits d'eau bleue, mérite d'être visité.

Jadis, un geyser de vapeur s'élevait à proximité.

Peut-être y verrez-vous la Dame blanche qui hante les parages du château les nuits de pleine lune. On raconte que ce serait la comtesse qui s'est suicidée au XIIIe siècle. Elle reviendrait pour retrouver son amant, qui l'avait abandonnée.

Admirablement restauré par la famille Roche, le donjon de la Souche est aussi un centre d'art et d'artisanat.

LA SOLOGNE
DE MAURICE GENEVOIX

« Landes piquetées des troncs argentés de frêles bouleaux, tachetées, au printemps, des ors du genêt, ou couvertes, en été, de bruyères, toutes mauves, peuplements de pins, de chênes, ici et là, de châtaigniers, qui contournent les larges taches claires de maigres prés et de rares cultures, ou sertissent de modestes lopins de blés noirs, étangs secrets, fermés d'une bonde, tout juste signalés par un envol de canards et qui, tout en reflétant, souvent, dans leur eau la silhouette de quelque gentilhommière discrète, sont autant de havres pour les oiseaux migrateurs, sentiers sablonneux traversés, vivement, sous l'œil impassible d'un faisan resplendissant, par nombre de lapins espiègles auxquels peut se mêler quelque malicieux écureuil, de rares bourgs, à l'orée des bois, avec leurs alignements de maisons basses en brique ou en torchis et, parfois, à colombage, blotties sous une couverture de tuiles moussues... c'est la Sologne [1]. »

Chère à Maurice Genevoix, la Sologne, paradis des chasseurs, des pêcheurs et de Raboliot le braconnier, est aussi un paradis cosmo-tellurique d'une catégorie très

1. Revue *La Sologne*, Syndicat d'initiative.

particulière. En effet, on n'y trouve aucune trace de vestiges cultuels druidiques ou romains, mais quelques dizaines d'hectares où il fait bon se régénérer.

Le pays, après avoir connu, à l'époque gallo-romaine, une prospérité morale indéniable, fut ruiné plus tard, au moment de la désagrégation de l'Empire romain.

Au XIe siècle, principalement sous l'impulsion des moines qui s'employèrent à créer des étangs, à susciter l'élevage et à développer une agriculture diversifiée, la Sologne fut remise en valeur.

Nous avons nettement eu l'impression, en parcourant la Sologne dans ses moindres recoins, en interrogeant en vain anciens, prêtres, historiens, soit que le haut lieu situé dans ces landes de bruyères et ces forêts immenses n'a jamais été découvert, et que son énergie est restée vierge, soit, alors, par un mouvement géologique, qu'un puissant courant tellurique s'est déplacé et a créé un nouveau haut lieu cosmo-tellurique.

Bien des réflexions, des controverses alimentèrent nos esprits avant de nous décider à révéler ce haut lieu. La tentation de le garder « rien que pour nous » était grande.

Un endroit fantastique pour des expériences, des recherches, des travaux dans le domaine du cosmo-tellurisme.

Si ce territoire solognot est resté intact sur le plan vibratoire, c'est que jadis cette région était couverte d'immenses étangs.

La Sologne portait la triste appellation de « pays des ventres jaunes » : les fièvres engendrées par ces eaux mortes et croupissantes avaient dévasté la région, et ce n'est que sous Napoléon III qu'elle changea de visage.

Celui-ci, ayant acquis le domaine de Lamotte-Beuvron, donna l'exemple de l'assainissement, et un comité central de Sologne fit planter des pins sylvestres et des bouleaux, creuser des canaux, construire des routes, curer et assécher les étangs, amender les terres.

Origines

La Sologne « naquit » durant l'ère tertiaire, lorsque, le contrecoup du glissement alpin ayant surélevé le Massif central, les fleuves en descendant étalèrent des nappes argilo-sableuses, qui caractérisent le terroir solognot.

Le village de Cerdon est le point central où cette énergie se focalise, une région de marécages où l'on trouve un étang tous les kilomètres.

Cerdon n'a bien sûr aucun vestige gallo-romain, simplement une église du XVe siècle qui appartenait jadis aux chartreux.

Pourtant, les médailles romaines découvertes à Cerdon en 1853, qui donnent 25 effigies différentes et qui embrassent une période de deux siècles, attestent la présence d'établissements romains considérables dans ces lieux.

L'église fut ensuite reprise par l'abbaye de Saint-Benoît-sur-Loire. Incendiée pendant les guerres de religion, pendant cent ans elle ne connut ni prêtre ni culte.

C'est Anne d'Autriche qui décida de la faire reconstruire. Le portail date de cette époque.

Il y avait un très bel autel en onyx, changé il y a cent soixante-dix ans pour un autel en pierre tendre.

Curieusement, cette église est dédiée à sainte Marguerite. C'est très rare qu'une église soit consacrée à une femme. Il s'agit de sainte Marguerite d'Écosse, de l'ordre des Chartreux.

L'onde de vie des environs de Cerdon atteint 24 unités positives, et la radioactivité avoisine 80 impulsions par minute. C'est un haut lieu magique où les facultés psychiques peuvent être décuplées.

Si vous effectuez votre lune de miel en Sologne, ne dormez pas à la ferme de Senilli, car la Chambre verte porte malheur aux jeunes mariés.

En effet, plusieurs femmes ayant dormi dans cette fameuse chambre décédèrent peu après d'une maladie inconnue.

Longtemps, on crut que cette chambre était envoûtée. Une recherche approfondie démontra que les tissus qui recouvraient les murs étaient constitués de fibres de cuivre. L'oxydation produisait du vert-de-gris, extrêmement toxique.

La région de Cerdon semble être, de tout temps, curieusement recherchée par les célébrités nationales, puisque sur les traces de Jeanne d'Arc, qui passa une nuit au relais de Sully à Vannes-sur-Cosson, avec ses charmantes maisons à colombage, le roi du béton français, s'installa dans ce secteur. Il y détruisit même un très beau manoir pour construire à la place un bloc de béton. Vocation oblige !

Dans cette étonnante région, où Jean-Marc Thibault, Jean Marais et bien d'autres, comme naguère Dalida, semblent être attirés par un magnétisme magique, existait jadis le monastère de Curcy (l'or est ici). Viennent-ils pour se recharger en énergies vitales, ou sont-ils à la recherche du trésor des moines de Curcy ?

On dit que la nuit de Noël, les cloches sonnent près de Vannes, à l'emplacement d'un hameau englouti.

Il existait en Sologne un lieu de pèlerinage, aujourd'hui abandonné. Le bourg de Saint-Viâtre était autrefois le but d'un pèlerinage aux reliques de saint Viâtre, ermite qui se retira ici au VIe siècle. Selon la légende, il aurait creusé son cercueil dans le trou d'un tremble.

Les énergies cosmo-telluriques ont également abandonné le site et se sont concentrées entre Cerdon, Vannes-sur-Cosson et Sully-sur-Loire.

Particulièrement caractéristique en Sologne, le culte des « Bons Saints » invoqué dans les malheurs de la vie se trouve illustré à Viglain (entre Cerdon et Sully), où la fontaine sur la route de Tigy était réputée guérir de la coqueluche.

Le château de Sully

A l'extrême nord de la Sologne, plusieurs courants telluriques convergent et se croisent à Sully, particulièrement à l'emplacement du château.

Un des courants provient de Saint-Gondon, situé au sud-est de Sully, où se trouve l'antique fontaine liée au nom de saint Gondon. La légende raconte que le corps de l'évêque berrichon Gondulfus, ramené de Meillant, passa par-là, transporté dans un char, et que les bovidés de l'attelage, grattant le sol, y firent jaillir une fontaine miraculeuse. Peut-être une résurgence païenne liée au double mythe du taureau et de la virilité ?

Vers 1627, Costel, prieur de Saint-Gondon, fit nettoyer la source et en célébra les vertus médicinales. Pommereau, médecin de Giers, publia en 1675 un curieux opuscule où il défendait avec force les vertus thérapeutiques des eaux de Saint-Gondon, les comparant tour à tour aux sources du Nil, à celles du Gange et à la fontaine de Mardochée [1].

Le pèlerin chercheur découvrira à Saint-Gondon un tumulus et un dolmen affaissé en forme de grenouille dont l'activité est insignifiante.

Le château de Sully-sur-Loire — les plus anciens documents à son propos datent du IXe siècle — est une importante forteresse dont le donjon fait face à la Loire.

Il est rectangulaire, avec, aux angles, des tours rondes qui lui donnent un air imposant.

La salle supérieure du donjon date de 1363, elle possède, selon Viollet-le-Duc, « l'un des chefs-d'œuvre les plus anciens, les plus intéressants et complets de l'art de la charpenterie du Moyen Age ».

Faite de bois de châtaigniers choisis entre cinquante et cent ans, écorcés sur pied, abattus en hiver quand la sève était descendue, équarris en ne laissant que le cœur, immergés plusieurs années dans l'eau pour purger le bois du restant de sa sève et enfin longuement séchés à l'air libre, cette charpente, malgré ses six siècles d'âge, est aussi belle qu'au premier jour.

Nous sommes très loin de bois de charpente mis en

1. Selon le *Guide du Val de Loire mystérieux,* Tchou.

œuvre encore vert, coupé en été, quand les arbres sont gorgés de sève, séchés artificiellement. Les charpentiers d'alors pouvaient-ils penser qu'un jour existerait le « lamellé-collé » ?

Le château, qui commandait un passage de la Loire, abrita des personnages illustres :

— d'après une tradition et des chroniques locales, Pépin le Bref, la reine Berthe et leur fils, le futur Charlemagne, qui y auraient séjourné en 752 ;

— Charles le Chauve, qui après son sacre en l'église Sainte-Croix d'Orléans, s'y arrêta en 841 ;

— Maurice de Sully, évêque de Paris, qui fit construire Notre-Dame ;

— Jeanne d'Arc, en mars 1430, qui décida en ces lieux Charles VII à se faire sacrer à Reims. L'historien Valet de Viriville rapporte que ce séjour fut plus une semi-réclusion qu'une hospitalité cordiale ;

— François Ier, reçu au château après la bataille de Marignan, en 1515 ;

— les 28-29 mars 1652, Louis XIV enfant, qui, chassé par la Fronde, s'y réfugie avec Anne d'Autriche ;

— Voltaire, qui y passe plusieurs saisons en 1716 et 1719, où il fut l'hôte de Maximilien-Henri, duc de Sully. L'écrivain a perpétué le souvenir des fêtes et des plaisirs dans ses *Nuits blanches de Sully* :

Je me fais un plaisir extrême
De parler, sur la fin du jour,
De vers, de musique et d'amour.

Sans oublier Sully, ministre d'Henri IV, qui a commencé à servir son roi à l'âge de douze ans. Fort de ses acquis en tant qu'homme de guerre, il vécut au château comme un petit souverain, entouré de sa garde et d'une cour de fidèles.

La puissance de travail de Sully est légendaire. On ne peut s'empêcher d'en faire une relation avec le potentiel énergétique tout à fait exceptionnel de ce haut lieu magique.

Le pavillon Renaissance, qui renferme le bâtiment de travail de Sully, et, au premier étage, la chambre à coucher du ministre, bénéficie d'une onde de vie qui dépasse 24 unités positives.

Que penser de nos habitations, qui atteignent difficilement 2 ou 3 unités positives (+ 3), et de nos lieux de travail, la plupart du temps pourvus d'une onde de vie qui plafonne à 12 ou 15 unités négatives (— 15) ?

Sully commençait sa journée à 3 heures du matin. Assisté de quatre secrétaires, qu'il surmenait, il menait de front une action efficace dans plusieurs domaines : finances, industrie, travaux publics, agriculture... et rédigea ses Mémoires, qu'il intitula *Sages et Royales Œconomies d'État*. Ces Mémoires furent imprimés au château de Sully par Jacques Bouquet dans des conditions très nébuleuses.

On ne découvre aucune information thérapeutique ou sacrée dans le château. En revanche, les murs vibrent encore de l'activité psychique intense qui s'y est déroulée.

Pour s'en rendre compte, il suffit tout simplement de se détendre pour que notre champ de conscience s'élargisse et le rythme cérébral se mette en « alpha ». Dès que les pulsations électriques du cerveau ralentissent à une douzaine par seconde, on perçoit ces informations qui nous parviennent comme des vagues d'ondes. L'expérience, aussi insolite qu'elle puisse paraître, mérite d'être tentée, car la prédisposition « psychique » du lieu et la « mémoire » qui subsiste peuvent déclencher chez bien des êtres des facultés créatives insoupçonnées et sommeillant au plus profond d'eux-mêmes.

Les personnes à la recherche de sacré doivent se rendre hors des fortifications, à l'église Saint-Ythier, bâtie sur les vestiges de la chapelle Notre-Dame. Elle abrite deux remarquables verrières de la fin du XVIe siècle. L'une est consacrée à l'arbre de Jessé, haute de 5,22 mètres et large de 2,10 mètres ; elle fut exécutée en 1595 par Hercule Ruis, maître vitrier orléanais. L'autre raconte la célèbre légende du Plat d'argent ; cette verrière fut commandée en 1593 au vœu des pèlerins de Saint-Jacques-de-Compostelle.

La vie du Solognot de jadis

Selon Daniel Blot [1], la vie du Solognot n'a pratiquement pas évolué entre le Moyen Age et le XVIIIe siècle. L'habitat est resté le même. Les bourgs ressemblaient à des taupinières, et c'est à peine si quelque clocher émergeait au-dessus des maisons basses sans cheminée. Un simple trou pratiqué dans le toit suffisait à la fois, au prix de toute hygiène, à assurer une clarté minimale et à évacuer les fumées domestiques.

Les habitations étaient construites avec des matériaux trouvés sur place. La Sologne ne possédant pas de

1. *La République du Centre.*

carrières, on dut élever des maisons sans cave ni fondations, faites de colombages, d'un mauvais torchis de boue et couvertes de chaume. Les plafonds étaient très bas, ce qui fit dire que le Solognot arrivait à toucher de la tête les poutres de sa chambre.

Ce n'est que vers le premier Empire que se dessina une amélioration de l'habitat. Avec le développement des tuileries, les maisons vont être peu à peu bâties en brique et couvertes de tuile. Il faudra attendre le XIXe siècle pour voir apparaître les baies vitrées.

Comme dans de nombreuses régions de France, les veillées au coin du feu étaient très prisées par les Solognots.

Chaque samedi, elles savaient réunir autour de la traditionnelle cheminée fermiers et « locaturiers » de Sologne, pour lesquels elles constituaient le seul divertissement. La première de ces soirées avait traditionnellement lieu chaque année le jour du 8 septembre, le jour de la « boun'Dam des veillées ». Chacun y allait de son histoire ou de sa chanson, pendant que le violoneux accompagnait le refrain que tout le monde reprenait en chœur. On s'y racontait les derniers potins ou ragots à la seule lueur d'un feu de bois et de l'oribus, une pauvre chandelle dont la mèche de chanvre était entourée de résine et qui brûlait en envoyant de petites étincelles, ce qui lui valut de recevoir les surnoms de « pétrelle » ou de « birette ». « Raboteux » et « J'teux d'sort » n'étaient pas étrangers à ces soirées, effrayant les paysans au point qu'ils n'osaient même plus rentrer chez eux, de peur de faire de mauvaises rencontres sur le chemin de retour.

Ressentant la nostalgie d'un folklore disparu, André Frapier, poète et interprète, a eu l'idée de lui donner un nouveau départ, et créa à cette intention le groupe des Conteurs solognots.

Une cheminée, des biaudes et des sabots pour les hommes, des coiffes (les thérèses) pour les femmes, voilà ses ingrédients pour recréer l'ambiance de jadis et opérer un retour vers les sources de la tradition.

LA BOURGOGNE D'HENRI VINCENOT

Dans son ouvrage initiatique *Le Pape des escargots,* Henri Vincenot a décrit admirablement la grandeur mythique de la Bourgogne et de ses monuments spirituels. Il a entrouvert la porte du cosmo-tellurisme, « la Dame-de-sous-terre avec son pied sur la vouivre [1] », et abordé la géographie sacrée des points forts du magnétisme terrestre, « un système imaginé pour tirer la santé du fond de la terre » !

Notre approche de la Bourgogne rejoint celle de Vincenot sur le fond, mais nous ne faisons état que des lieux actuellement en activité. Le lecteur sera probablement surpris de ne pas y retrouver les « classiques », comme Autun ou Vézelay, qui ont gardé leur aura mystique mais d'où la vouivre s'est enfuie.

Les fouilles de Solutré, entreprises en 1866, prouvent la présence de l'homme en Bourgogne de quinze mille à douze mille ans av. J.-C.

Le fabuleux trésor de Vix, découvert dans une sépulture du VIe av. J.-C., près des restes d'une femme, témoi-

1. Appellation extraite de l'ouvrage d'Henri Vincenot, *Le Pape des escargots.*

gne des importants courants de civilisation dont cette région fut jadis le théâtre.

En ce qui concerne l'approche cosmo-tellurique, c'est une province généreuse où subsistent quelques points forts de la plus haute importance.

Si les hauts lieux comme Cluny, Fontenay ou Vézelay semblent avoir été déshérités de leur patrimoine énergétique, Cîteaux, en revanche, a gardé son précieux potentiel.

Cette région est un lieu privilégié en Bourgogne, car elle est traversée par un large courant tellurique venant de l'est, qui reliait naguère Cîteaux, Saulieu et Vézelay. Aujourd'hui, seul le secteur entre Cîteaux et Bruant, dans l'arrière-côte, bénéficie de ces vibrations exceptionnelles, au même titre que le mont Sène, plus au sud, près de Santenay.

Origines

Née de la mer, c'est à l'ère quaternaire, après le retrait de celle-ci, il y a environ deux millions d'années, que les effets de l'érosion achèvent de donner à la Bourgogne sa physionomie actuelle.

La Côte d'Or, entre Dijon et Chagny, est un escarpement dû aux cassures (failles) provoquées par l'effondrement de la plaine alluviale de la Saône.

Cet escarpement est le dernier rebord d'une série de gradins formant l'arrière-côte qui dominent cette plaine.

Le plateau est occupé par les bois, les pâturages et les

cultures, tandis que le talus oriental, composé de bancs de calcaires, est recouvert de vignes.

Jadis, la forêt couvrait presque tous les plateaux, et ce sont les moines des abbayes qui ont participé au défrichement. Au XVIIIe siècle, on y a pratiqué l'extraction de minerai de fer.

Trait d'union entre le Nord et le Sud, la Bourgogne est également en plusieurs endroits un point magique et sacré où se rejoignent les énergies du ciel et de la Terre.

L'abbaye de Cîteaux

Cîteaux, qui compte parmi les plus prestigieux hauts lieux de l'Occident, au même titre que Cluny, reste une des rares abbayes pourvue de son pouvoir alchimique.

En mars 1098, Robert, abbé de Molesmes, s'établit dans la forêt de Cîteaux parmi les « cistels », les roseaux sur un terrain que lui donna son cousin Raynard, vicomte de Beaune. A cet emplacement, qui portera le nom de La Forgeotte en 1307, existait un petit village de serfs qui possédait une église.

Ainsi naquit, voué à une stricte observance de la règle de saint Benoît, l'ordre des Cisterciens, qui, sous la prodigieuse impulsion de saint Bernard, rayonna sur tous les continents.

En 1112, saint Bernard, jeune noble de vingt et un ans, se présente avec 30 gentilshommes au monastère de Cîteaux, cherchant la miséricorde de Dieu.

Abbaye de Cîteaux

A sa mort, en 1153, Cîteaux compte 700 moines, et 350 abbayes lui sont attachées.

En 1898, huit siècles exactement après la fondation de Cîteaux, les cisterciens moines de différents monastères se réinstallent à Cîteaux, redevenue abbaye chef d'ordre après une histoire mouvementée.

A la Révolution, les moines furent dispersés, et on envoya, pour garder les prestigieux bâtiments, deux lieutenants d'artillerie d'Auxonne : l'un s'appelait Gassensi, l'autre Bonaparte. L'église fut détruite. Le reste fut successivement sucrerie, phalanstère, dirigé par Arthur Young, et colonie pénitentiaire.

Aujourd'hui, Cîteaux compte encore une cinquantaine de trappistes.

Il ne reste que quelques rares vestiges de l'ancienne abbaye et de ce passé prestigieux. Il subsiste l'ancienne bibliothèque à façade de briques émaillées du XVe siècle, dont on remarquera les six arcades de cloître gothique qui y sont encastrées. Une salle voûtée demeure au premier étage. Près de la rivière s'aligne une longue façade de la fin du XVIIe siècle, près de la chapelle, un beau bâtiment du XIIIe siècle.

En été, les effluves des tilleuls jouent un rôle aromathérapique très bénéfique pour les personnes tendues et stressées.

Le géodynamètre mesure 24 unités positives, et la radioactivité avoisine les 80 impulsions par minute.

Ce haut lieu sacré est avant tout chargé d'énergies et de vibrations qui construisent notre être intérieur et nous permettent d'être en meilleure harmonie avec nous-mêmes.

L'esprit cistercien est partout présent, et une aura spirituelle qui enveloppe l'abbaye se propage aux visiteurs. A Cîteaux, nous sommes en présence d'une spiritualité très cristalline, non dirigée, qui permet d'accéder à des niveaux de conscience supérieurs en toute liberté.

Les pèlerins chercheurs qui sauront s'ouvrir alimenteront les profondeurs de leur être de cette présence vibratoire très généreuse.

L'amplitude de l'énergie de Cîteaux est très large. Elle ressemble à celle du cosmo-tellurisme de la Normandie.

Le clos de Vougeot

« Je n'ai jamais pu contempler sans un peu d'émoi cette grande et belle chose.

« Le vieux manoir repose là, entouré de la tranquillité de son noble vignoble, au centre de la culture ordonnée. Sévère et monumental, sans garniture de jardins inutiles ni d'oisives verdures, sans artifice et sans parure, il émerge directement de la foule des ceps, dressant brutalement à même le sol ses graves murailles aux grandes pierres, qui surmontent et couvrent les vieux toits brunis, longuement inclinés comme les pentes de la montagne, pensivement penchés comme s'ils portaient à eux seuls tout le ciel de Bourgogne », écrit Gaston Roupnel dans sa préface du livre de Camille Rodier *Le Clos de Vougeot*.

Haut lieu cosmo-tellurique insolite, le clos de Vougeot est certainement le haut lieu vinicole et gastronomique le plus réputé mondialement.

Le château du Clos-de-Vougeot est construit directement sur la roche calcaire, sans fondations.

Il fut la propriété de l'abbaye de Cîteaux du XIe siècle à la Révolution. C'est ici que les moines transformèrent leurs vignes en une sorte de domaine pilote, en sélectionnant les plantes et en améliorant sans cesse les méthodes de taille et de culture.

Le clos de Vougeot est un des vignobles les plus renommés de la célèbre côte de Nuits, mais c'est aussi un haut lieu magique où le ciel et la Terre se rejoignent.

Les mesures portant sur la vitalité des vins français démontrent que les vins de la côte de Nuits possèdent le potentiel énergétique le plus élevé. Les raisins cultivés sur des terrains où l'énergie cosmo-tellurique est puissante se chargent de ces vibrations bénéfiques que l'on retrouve dans le vin une fois mis en bouteilles. Conservé en « zone saine », c'est-à-dire en dehors des courants vagabonds : électriques, électromagnétiques, ou des micro-énergies pathogènes : courants telluriques défavorables, cours d'eau souterrains, failles ou nœuds telluriques, le vin vieillira harmonieusement, se conservera plus longtemps et se chargera encore de l'énergie du lieu.

Il est maintenant reconnu par la plupart des œnologues qu'un vin magnétisé par un magnétiseur digne de ce titre a un « plus ». Mais ce « plus » ne reste pas : il disparaît au bout de quelques heures, voire quelques minutes.

A l'inverse, un vin chargé naturellement par les énergies du ciel et de la Terre ne perd pas cette énergie magique qui rend ses qualités organoleptiques encore plus envoûtantes.

Doit-on penser que cette énergie qui émane abondamment de ces terres est à l'origine de la renommée et du rayonnement de la Confrérie des chevaliers du Tastevin, propriétaire du château depuis 1944 ?

L'affirmation, aussi séduisante que hâtive, mérite néanmoins que l'on y réfléchisse.

C'est en 1934 qu'un petit groupe de Bourguignons décida de fonder une société destinée à mieux faire connaître les vins de France, et en particulier ceux de la Bourgogne.

La renommée de la confrérie gagna l'Europe entière et l'Amérique.

Il est bien loin, le temps où, au début du XIIe siècle, les moines de Cîteaux recherchaient une pente exposée au soleil afin de produire le vin pour célébrer la messe.

C'est en remontant le cours de la Vouge, la petite rivière qui traversait l'abbaye, qu'ils trouvèrent, à sa source, des coteaux susceptibles de recevoir les plants nobles du pinot.

Si la qualité d'un vin dépend de certains facteurs physiques, comme le cépage, la variété du plant ou le terroir, c'est-à-dire le sol sur lequel pousse la vigne, ou encore le climat, interviennent également des facteurs plus subtils, comme l'énergie, la conscience et l'amour qui seront mis dans la culture de la vigne et la vinification.

Ces trois dernières composantes font partie des secrets que possède chaque vigneron, et qui sont principalement transmis de père en fils.

L'énergie se retrouve dans les qualités organoleptiques du vin, et le facteur conscience intervient dans la qualité du travail du vigneron et dans les informations transmises au raisin ou au vin lors de la culture, de la vinification ou de l'entreposage en cave.

Toutes les informations, l'aura magique, sont libérées lorsque le vin est versé dans un verre et seront décodées par les propres informations du connaisseur. C'est en réalité une véritable relation d'amour qui va s'établir entre le « chevalier » et ce merveilleux sang de la terre. On peut assister dans certains cas à une transmutation de la matière. Avec le vin, nous sommes en présence de l'alchimie de la vie.

Le point le plus fort du clos de Vougeot n'est pas le château en lui-même, mais une zone de vignes au nord-ouest de la bâtisse.

L'onde de vie du château avoisine les 18 unités positives, ce qui est déjà largement au-dessus de la moyenne. Il a été achevé sous la Renaissance et fut restauré au XIXe siècle.

60 000 visiteurs du monde entier viennent chaque année en « pèlerinage » au clos de Vougeot.

Le Grand Cellier, du XIIe siècle, où se tiennent chaque année plusieurs chapitres de l'ordre, auxquels participent des centaines de convives, est considéré comme une véritable « cathédrale du vin », avec ses piliers monolithiques soutenant une charpente aux poutres de plus de 20 mètres. Une cathédrale magique qui vibre les soirs de chapitre de la Confrérie des chevaliers du Tastevin, sous les refrains de cantiques plus matériels que spirituels.

Bruant et la grotte de Roche-Chèvre

A quelques kilomètres à l'ouest du clos de Vougeot, à la sortie du petit village de Bruant, d'une centaine d'habitants, le courant tellurique Cîteaux-Vézelay interfère avec un courant nord-sud.

L'onde de vie générée par cette interférence atteint 34 unités positives. Une énergie sereine et chaleureuse inonde ce haut lieu sacré, où une chapelle a été construite exactement à l'intersection des deux axes magnétiques.

Dans cette ambiance champêtre, loin du bruit et de la population des villes, on se sent isolé de la matière mais très nettement « relié à quelque chose de supérieur ».

Le pèlerin chercheur qui est en quête d'une réponse spirituelle trouvera probablement écho à Bruant.

Toute cette région est d'une étonnante richesse cosmo-tellurique.

Non loin de Bruant, à quelques kilomètres au nord, près de la ferme de Poiset, entre Collonges-lès-Bévy et Détain, sur la D 109, subsistent les vestiges d'un coffre mégalithique daté de 2 000 av. J.-C., restes d'une tombe collective d'une trentaine de corps.

La ferme du Poiset a été bâtie à l'emplacement d'un ermitage relié à Cîteaux par une géométrie sacrée.

Cette ferme possède un pouvoir magnétique attractif surprenant.

Totalement isolée dans cette région, austère et en dehors de toute grande voie de circulation, elle voit arriver journellement de nombreux touristes britanniques, néerlandais, allemands... et quelques rares Français.

Les guides touristiques ne proposent rien d'alléchant. Rien à voir, rien à visiter ni à faire, sinon déguster les délicieux crottins de chèvre. Et pourtant, nombreux sont les êtres qui sont attirés par cet exceptionnel magnétisme.

Cette ferme bien particulière est l'ancienne demeure du seigneur de Poiset.

De nombreuses fouilles ont été effectuées sur le flanc de la colline, au nord de la ferme, sous l'égide du musée archéologique de Dijon.

Quel secret plane sur ce site insolite ?

Le découvrirez-vous ?

Juste à côté, à quelques minutes de marche, dans le bois de la Grande-Combe, se trouve la grotte de Roche-Chèvre. Pour y accéder, il faut monter le petit chemin à gauche, à la bifurcation Gergueil-Ternant, après la ferme. En toute saison, ce chemin, à l'ombre des arbres, est boueux. Il conduit à une immense roche blanche longue de plusieurs dizaines de mètres, placée exactement dans l'axe nord-sud.

Le taux de radioactivité est, là, exceptionnellement bas : 35 impulsions par minute. Le géodynamètre mesure 23 unités positives. Calme et plénitude envahissent très rapidement ceux qui s'exposent aux douces vibrations qui se dégagent de cette roche.

Une grotte dont l'entrée s'ouvre sur près de 8 mètres donne accès à deux salles d'une quinzaine de mètres ; de très beaux piliers stalactites ornent ce décor propice aux fées et aux géants — un site enchanteur, qui pourrait être le cadre idéal d'un conte :

« Il était une fois..., dans le pays de Vergy, un géant

qui demeurait dans une étrange grotte toute blanche, laquelle était un énorme coquillage que la mer avait jadis déposé sur la colline.

« Il vivait seul et se promenait toute la journée dans l'immense forêt. Les fruits et les baies sauvages composaient ses pantagruéliques repas.

« Mais, depuis quelque temps déjà, le géant s'ennuyait tout seul. Il n'avait personne pour partager ses pensées, ses repas, ses promenades. Sa grande taille impressionnait tellement les animaux de la forêt qu'ils avaient peur de lui et s'en tenaient fort loin.

« Pourtant, il ne leur voulait aucun mal, mais il ne savait pas comment le leur faire comprendre.

« Ainsi tenu à l'écart, il était devenu très malheureux. Il avait beau parcourir la forêt, il ne rencontrait jamais personne.

« Très souvent, il allait s'asseoir près des deux “ tables de pierres ” qui l'intriguaient beaucoup. Elles étaient immenses, ces pierres. Pourquoi étaient-elles immenses, ces pierres. Pourquoi étaient-elles posées les unes sur les autres de cette façon ? Pourquoi se sentait-il si bien auprès d'elles ?

« Une nuit, le géant vit en songe une fée toute de lumière vêtue, avec une longue chevelure d'or. Elle lui apparut près des “ tables de pierres ”.

« Au réveil, il décida de la retrouver et de lui offrir ce qui lui tenait le plus à cœur : une énorme perle de nacre qu'il avait découverte au fond du gigantesque coquillage.

« Il tenait beaucoup à cette perle, car elle avait la particularité étrange de capter les rayons du soleil et d'illuminer la grotte le soir ou les jours de pluie.

« Le géant était persuadé qu'il était plus important que ce fût son cœur qui soit illuminé. Naïvement, il pensait que la petite fée lui donnerait peut-être son amitié en échange de ce cadeau.

« Son objet chéri sous le bras, il bondit hors de la grotte et se mit à la recherche de la merveilleuse créature qui lui était apparue en songe.

« Hélas ! il chercha dans toute la forêt pendant des longs jours la petite fée. Il fit le guet des journées entières devant les " tables de pierres ", mais, chaque soir, il rentrait épuisé et bredouille.

« Il allait se résigner à abandonner, quand le petit être lui apparut à nouveau et lui dit : " Tu es si grand que tu ne peux imaginer que je sois si petite. Tu me cherches trop loin, alors que je suis presque à côté de toi. "

« Très tôt le lendemain matin, le géant alla de nouveau à la recherche de la petite fée. Il se mit à quatre pattes devant les " tables de pierres " et scruta attentivement les hautes herbes. Tout à coup, son cœur battit très fort. Il venait de l'apercevoir sautillant de fleur en fleur, buvant la rosée du matin.

« Il fut ébloui par tant de grâce et de beauté. Mais, aussitôt, il eut honte de sa taille énorme et de son volumineux présent.

« Tout désappointé, il allait s'enfuir, quand la charmante petite fée lui dit d'une voix très douce : " Je n'ai besoin que de ta gentillesse, et ta force me protégera. Je t'apprendrai toutes les petites choses que tu ignores, le langage des fleurs et des abeilles, la vision de l'invisible. En échange, tu me feras connaître ton univers de géant. "

« Le géant fut réconforté et prit place auprès de la

charmante petite fée. Ils parlèrent, parlèrent, parlèrent...

« Ensemble, ils vécurent des moments fantastiques et merveilleux.

« Un jour, ils ne furent qu'*un* et disparurent pour une autre vie dans une autre galaxie. »

Les deux dolmens se trouvent en direction de Ternant, à gauche de la route. L'un d'eux n'est plus en activité.

A vous de les découvrir et de reconnaître celui qui « n'émet » plus.

Le mont Sène

A 10 kilomètres à l'ouest de Chagny, au sud de la Côte, on accède, par une route étroite comportant de fortes pentes et des virages difficiles, au mont Sène, appelé aussi montagne des Trois-Croix.

L'idéal serait d'y monter à pied, par le vignoble qui tapisse le coteau.

Au sommet de cette montagne, entourée de falaises et de bois, jadis un temple gallo-romain dédié à Mercure dominait le vignoble.

La vocation de ce site est le développement des facultés psychiques. Nous sommes donc en présence d'un haut lieu magique. Il est possible qu'il ait perdu au fil des siècles son information sacrée et qu'il soit « redescendu » vers la matière.

Assister à un lever du soleil sur ce haut lieu est une expérience inoubliable que nous souhaitons à tous les pèlerins à la recherche d'une purification de leur enveloppe énergétique et de leur corps astral, et en quête d'un niveau de conscience supérieur.

La colline fait penser à un tumulus géant.

Si au sommet du mont la radioactivité est normale et ne dépasse pas 75 impulsions par minute, les variations du champ magnétique terrestre mesurées au géodynamètre sont étonnantes.

La valeur du champ naturel est d'environ 56 000 gammas, soit à peine plus de 0,5 gauss, et les variations, généralement, n'excèdent pas 150 gammas.

Sur le mont Sène, les modifications du champ magnétique terrestre atteignent jusqu'à 2 000 gammas.

Une puissante ligne d'énergie traverse le mont, et la zone à l'est de la croix centrale est très forte. Elle dépasse les 28 unités positives.

Une vue panoramique magnifique sur le vignoble, la vallée de la Saône, le Jura, les Alpes, le mont Saint-Vincent et la masse du Morvan confère à ce haut lieu une atmosphère divine.

En contrebas du mont, le dolmen de Borgy, du hameau de Dezize-lès-Maranges, est enterré dans le sol. Une très belle plate-forme triangulaire apparaît entre les herbes.

Le pèlerin chercheur fera sans aucun doute la relation entre le mont de Sène et la source thermale de Santenay, à la base de la colline, qui propage ses bienfaits aux curistes.

On trouve, là, une parfaite illustration des temples antiques du temps où l'homme était conscient de son appartenance à une entité cosmique, et actif dans son rôle de capteur, de transformateur et d'émetteur d'énergie.

LE JURA, CE MÉCONNU

A l'époque romaine, le Jura était couvert d'un manteau de forêts impénétrables.

« Jura » viendrait du mot latin *Juria*, c'est-à-dire « forêt ».

Les moines défricheurs se sont aventurés dans cette région hostile vers la fin du Ve siècle.

Aujourd'hui encore, pour beaucoup de personnes, « Jura » est synonyme de sites intéressants mais... inaccessibles. Les attraits touristiques sont nombreux : chutes (saut du Doubs), cascades, lacs (plus de 70), forêts, sommets grisants (Crêt de la Neige, 1718 m), grottes et gouffres (Poudrey, Osselle).

La région où le magnétisme de la planète est actuellement présent, révélée par l'étude cosmo-tellurique, se situe entre Saint-Claude et Nantua. Deux hauts lieux d'apparence très modeste, mais qui sont pourvus de richesses vibratoires insoupçonnées.

Le Jura est relié à la Bourgogne par un courant tellurique secondaire, en provenance du Tyrol et venant par la Trouée de Belfort.

Histoire géologique

Le Jura est apparu à l'ère tertiaire, il y a soixante millions d'années, lors du soulèvement de l'écorce terrestre qui fit surgir la chaîne des Pyrénées puis celle des Alpes.

Les étonnantes vallées qui entaillent le Jura d'une manière insolite sont le résultat de l'érosion, qui poursuit son œuvre depuis vingt-cinq millions d'années.

Cette masse montagneuse s'étire en forme de croissant du Rhône au Rhin, sur une longueur de 300 kilomètres et une largeur d'environ 70 kilomètres.

Les monts du Jura se caractérisent par une disposition de chaînons plissés s'étalant parallèlement.

La chapelle de Saint-Romain

Au sud-ouest de Saint-Claude, célèbre par son abbaye et ses pipes, la petite chapelle de Saint-Romain surplombe de 270 mètres les méandres de la Bienne, sortie de ses gorges et s'étirant paresseusement entre les versants boisés.

De l'autre côté de la rivière, on aperçoit au loin la petite chapelle au sommet de la falaise.

On y accède par la D 470. A la hauteur de Pratz, il faut prendre à gauche le chemin qui mène à Saint-Romain.

La chapelle du XIVe siècle est à l'extrémité du hameau. C'est un but de pèlerinage très populaire dans la région. Le lundi de Pentecôte, les pèlerins affluent de tous les coins de la province.

Un site magique, hors du temps, attend le pèlerin chercheur et le transportera dans un monde irréel pour le combler de ses énergies dépassant 26 unités positives.

On raconte que ce haut lieu sacré est un ancien lieu de culte des druides, et qu'encore aujourd'hui s'y pratiqueraient des rites druidiques.

Le lac de Genin

Le Jura est parsemé de nombreux lacs qui égaient un paysage où l'homme n'a pas encore trop imposé son ego.

Dès le haut Bugey, le charmant petit lac de Genin occupe un site encadré de prairies et de pentes boisées.

Situé à 836 mètres d'altitude, sa superficie est modeste, à peine 8 hectares, et sa profondeur maximale atteint 18 mètres.

Les rives constituent d'agréables promenades, où l'onde de vie avoisine les 22 unités positives. Le radioactivité-mètre mesure 90 impulsions par minute.

Ce lieu insolite, perdu au milieu de la forêt, est un véritable haut lieu thérapeutique conseillé aux personnes qui souhaiteraient se régénérer « en douceur ». En effet, l'amplitude de l'énergie du lieu est plutôt large ;

donc, elle n'excite pas les « patients », mais leur procure plutôt une thérapie de fond.

La légende raconte que non loin du lac s'élevait jadis un château occupé par une princesse d'une rare beauté, mais d'une dureté de cœur peu commune.

Hautaine, cruelle et impitoyable, elle terrorisait les pauvres hères du haut Bugey en leur réclamant des parts disproportionnées de leurs maigres récoltes.

Un jour, une dame de noble allure arriva dans un somptueux carrosse et rendit visite à la princesse. Elle s'entretint longtemps avec elle sur la générosité, la bonté, l'humilité, les qualités de cœur et l'amour du prochain.

La princesse, comme brûlée par ces mots, rentra dans une furie effroyable et voulut renvoyer brutalement et sans ménagement sa visiteuse. Celle-ci était une fée et transforma la méchante princesse en vouivre.

Devenue un serpent affreux, affublée d'ailes de chauve-souris, la Vouivre portait un diadème orné d'un magnifique rubis qui, disait-on, procurerait la fortune à celui qui le posséderait.

Jamais elle ne s'en séparait, sauf pour prendre son bain dans le lac de Genin. Elle déposait alors le joyau sur le rivage.

Nombreux furent les habitants du hameau, fascinés par la fortune facile, qui ont tenté de dérober le bijou magique, y laissant leur vie.

Aujourd'hui encore, la Vouivre hante les profondeurs du lac, d'ailleurs réputé pour être dangereux.

Est-ce son joyau magique qui irradie cette énergie bienfaisante si dense, voire hypnotique, ou est-ce les ramifications d'innombrables courants telluriques qui s'enchevêtrent curieusement à l'emplacement du lac ?

Les eaux du lac de Genin s'écoulent souterrainement, ce qui augmente la prédisposition de concentration de l'énergie du lac par une connexion directe avec les entrailles de la Terre.

LA CÔTE D'AZUR, PAYS DE L'INSOLITE

L'énergie cosmo-tellurique dans le sud de la France est concentrée en trois zones bien précises. Ces espaces sont les plus chargés en magnétisme naturel, avec des points forts où cette énergie se concentre :

— la zone entre La Motte-du-Caire, Digne et Les Mées ;

— la zone entre Grasse, Les Gorges de Cians et Monaco ;

— le massif des Maures et l'île du Levant.

Les hauts lieux sont en étroite relation avec les bouleversements terrestres.

Naissance

A l'ère primaire, le bassin occidental de la Méditerranée n'existait pas. Sa place était occupée par un vaste continent constitué de roches cristallines, la Tyrrhénie. La mer s'étendait sur l'actuelle Provence.

A l'ère secondaire, la Tyrrhénie est progressivement nivelée par l'érosion. Les matériaux arrachés par les eaux courantes et les intempéries se déposent au fond de la mer, et avec le temps, se transforment en bancs de roches parallèles composés de calcaires, de schistes, de grès, de sables ou d'argiles.

A l'ère tertiaire, sous l'effet du soulèvement des Alpes et des Pyrénées, naissent les chaînons provençaux et les Préalpes.

C'est à l'ère quaternaire que la Tyrrhénie s'effondre en laissant, accrochés au bord de l'abîme, les Maures et l'Estérel.

De cette mer qui recouvre le continent disparu émergent la Corse, la Sardaigne, une partie de la Sicile et les Baléares.

Cinq siècles av. J.-C., les Celtes ont envahi la Provence et se sont mêlés aux Ligures qui occupaient le littoral méditerranéen.

Les colons près de Marseille, les Massaliotes, avaient établi des comptoirs commerciaux à Nice, à Antibes, à Monaco, à Saint-Tropez, à Hyères... et avaient importé l'olivier, le figuier et la vigne.

Le sud de la France est encore profondément marqué par le passage des Celtes et, particulièrement, par celui de leurs prédécesseurs, comme l'attestent de nombreux mégalithes.

Parmi les nombreux hauts lieux de la Provence et de la Côte d'Azur, nous avons sélectionné les sites les plus caractéristiques, où le magnétisme cosmo-tellurique est nettement au-dessus de la moyenne.

Dans les pays sisteronais, un haut lieu tout à fait exceptionnel et quasi totalement inconnu se blottit à une lieue de Saint-Geniez, entre Sisteron et le col de Fontbelle : la crypte de Dromon.

Avant d'arriver à Saint-Geniez, la *Peiro escricho*, la

« Pierre écrite », dominée par le haut et puissant rocher du Moure-de-Gache, témoigne de la reconnaissance des populations de cette vallée envers Dardanus, préfet du prétoire des Gaules.

Il serait venu vivre ici vers 420 avec son épouse Nevi Galla et son beau-frère Claudius Lepidus pour expier un meurtre à l'encontre de Jouin de Narbonne.

La crypte de Dromon

« C'est un lieu où les dieux de la terre, les orages, le soleil et le vent luttent de force à longueur d'années [1]. »

La route sinueuse qui mène de Sisteron au rocher de Dromon est à elle seule un véritable périple initiatique dans un site grandiose, fantastique haut lieu de la nature, où règnent en maîtres les forces du ciel et de la Terre.

« Dromon est situé là où s'ouvre tout à coup le tumultueux ravin du Malpas. Il est peu de sites plus grandioses en haute Provence, plus âpres, où l'érosion creuse ses blessures dans le chaos des roches et des terres éboulées [1]. »

La petite crypte de Dromon abrite un rocher énigmatique. Simple pierre ou mégalithe, usé par les mains et les lèvres des femmes frappées de stérilité qui venaient demander des fils vigoureux pour conduire les trou-

1. Paul Maudonnet, *Sisteron et le pays sisteronais,* Éditions des Naulets et ATM.

La crypte de Dromon

peaux de moutons et de béliers semblables à ceux qui hantent les chapiteaux.

La datation de la crypte est incertaine. Certains archéologues ont avancé qu'elle pouvait abriter les cendres de Dardanus sanctifié par son ascèse.

La chapelle est d'origine romane. Elle fut remaniée au XVIIe siècle. C'est un lieu de pèlerinage très fréquenté, qui est célébré le deuxième dimanche de juillet.

L'énergie cosmo-tellurique dépasse 28 unités positives, et la radioactivité avoisine les 110 impulsions par minute.

C'est un haut lieu spirituel d'une rare intensité.

Préservée des curieux, la crypte de Dromon reste un des rares hauts lieux de l'Hexagone où ni l'énergie ni les informations n'ont été destructurées.

Tout être qui a atteint un certain niveau de conscience pourra entrer sans difficulté en résonance avec ce haut lieu sacré pour atteindre des sphères encore supérieures.

N'est-il pas étrange que des vestiges retrouvés situent dans cette région Theopolis, la « cité de Dieu » ?

Sur l'axe La Motte du Caire-Roches des Mées, on peut citer le prieuré de Vilhosc. Une curieuse crypte de moellons blancs à trois nefs subsiste sous les bâtiments d'une ferme, tout près de la rivière.

Le prieuré dépendait des chanoines de Saint-Augustin, qui avaient leur établissement à Chardavon, non loin de la Pierre écrite.

Au centre de la crypte, un grand pilier carré est percé d'une cavité sur chacune de ses faces. On y atteint par là une pierre mobile emprisonnée sciemment dans la maçonnerie.

Pierre magique aux pouvoirs oubliés qui attend l'être initié pour les faire renaître.

Les pénitents des Mées

Selon la légende, les rochers des Mées, entre Sisteron et Manosque, appelés aussi les Pénitents des Mées, seraient des moines pétrifiés.

En effet, au temps des invasions sarrasines, les moines de la montagne de Lure s'étaient épris de belles Mauresques d'un harem que le seigneur du lieu avait ramenées d'une campagne contre les Infidèles.

Saint Donat, qui les observait de l'autre côté de la Durance, pour punir ces moines de leurs coupables désirs, les pétrifia alors qu'ils rentraient de leur voluptueuse escapade. La tête couverte de leur cagoule pointue, les voilà contraints à regarder éternellement s'écouler la Durance.

Le nom du site pourrait venir de *metae*, appellation donnée aux bornes romaines. Certaines de ces étranges bornes atteignent 100 mètres de hauteur.

Dans le haut de la ville, certaines maisons sont littéralement blotties sous la robe de bure des Pénitents. On y découvre également la petite chapelle de Saint-Roch, tristement délabrée.

Les rochers des Mées sont composés de poudingue, c'est-à-dire d'un conglomérat de galets unis par un ciment naturel.

Curieusement découpés par l'érosion, ils agissent comme des focalisateurs de l'énergie cosmique et tellurique. Ils font de ce haut lieu de la nature un haut lieu magique très impressionnant.

L'onde de vie atteint, par endroits, environ 20 unités positives.

De l'autre côté de la Durance, la chapelle de Saint-Donat semble être en relation avec les Pénitents des Mées. Les énergies magiques des Mées sont transmutées en énergies spirituelles en cette grande chapelle du XIe siècle, la plus ancienne église de haute Provence.

Sa vaste nef et ses deux étroits bas-côtés, soudés par le

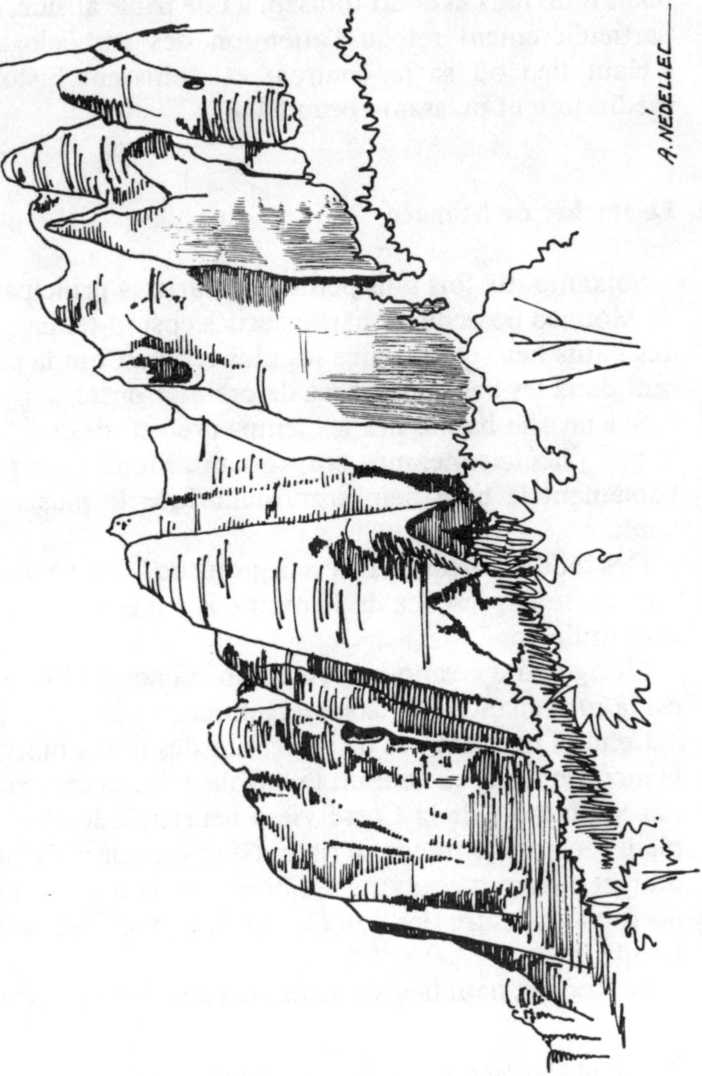

Les Pénitents de Mées (Provence)

relais d'un faux et court transept à une triple abside, ont particulièrement retenu l'attention des archéologues. « Haut lieu où se rencontrent et s'unissent histoire, méditation et puissante beauté [1]. »

Le Rocher de Monaco

Soixante-dix fois plus petite que Paris, la principauté de Monaco possède les particularités cosmo-telluriques des hauts lieux vibratoires les plus réputés, qui la classent dans les lieux magiques de premier ordre.

Sur un site habité dès les temps préhistoriques, fondation phénicienne, puis port romain, Monaco est probablement le haut lieu cosmo-tellurique le plus inattendu.

Des fouilles effectuées dans la grotte de l'Observatoire ont révélé la présence de l'homme il y a environ deux cent mille ans [2].

L'originalité cosmo-tellurique du rocher de Monaco est la provenance de l'axe énergétique.

Celui-ci ne vient pas de l'intérieur des terres mais de la mer. En effet, un courant tellurique très net en provenance du large de la Corse vient heurter le Rocher de plein fouet. Une intense « fission énergétique » s'y produit, et plusieurs courants se libèrent en éventail vers le nord-ouest, entre les gorges de Cians et celles du Loup.

Le Rocher, haut lieu sur lequel est bâti Monaco, capi-

1. Paul Maudonnet, *Sisteron et le pays sisteronais.*
2. Voir le musée d'Anthropologie préhistorique, à Monaco.

tale de la principauté, possède une énergie vibratoire beaucoup plus puissante que Monte-Carlo. Elle dépasse les 25 unités positives.

La ville est bâtie au sommet de ce Rocher de 300 mètres de largeur qui s'avance à 800 mètres dans la mer. Coupé à pic sur presque tout son pourtour, il joue le rôle de menhir catalyseur d'énergies. Sa partie supérieure, qui s'élève à 60 mètres au-dessus du niveau de la mer, forme une terrasse à partir de laquelle s'étagent :

— la vieille ville administrative aux rues étroites, coupées de placettes ombragées ;

— le palais princier, forteresse médiévale du XIIIe siècle ;

— la cathédrale en pierre blanche de La Turbie, construite sur les ruines de l'église Saint-Nicolas ;

— le Musée océanographique ;

— les admirables jardins.

Monte-Carlo, avec ses palais majestueux, ses casinos, ses riches villas, ses magasins luxueux, ses appartements haut de gamme et ses terrasses fleuries, est pourvu d'une énergie nettement inférieure.

On peut considérer que, sur le plan des polarités vibratoires, le Rocher est positif, et Monte-Carlo, de l'autre côté du port, négatif. Il s'est établi un champ énergétique entre ces deux pôles.

Est-ce un hasard si l'église Sainte-Dévote se trouve exactement sur l'axe de l'interférence entre ces deux pôles ? Elle a été édifiée sur les ruines d'une très ancienne fondation datant du début de l'ère chrétienne. Sainte Dévote fut martyrisée en Corse au IIIe siècle. Selon la tradition, son corps fut déposé dans une barque abandonnée à la mer.

Le frêle esquif pris dans la tempête fut guidé par une colombe et aborda à Monaco. Peut-être a-t-il suivi le courant tellurique qui relie la Corse au rocher de Monaco ?

Au Moyen Age, les vénérées reliques de la sainte furent volées et emportées par un malfrat florentin qui voulut s'enfuir en barque. On raconte que sa barque refusa de quitter le quai et s'embrasa tout entière.

C'est l'origine de la cérémonie qui se déroule le soir du 26 janvier et au cours de laquelle une barque est brûlée.

L'embrasement de la « barque de sainte Dévote » par la famille princière est une tradition à laquelle les Monégasques tiennent beaucoup.

Le lendemain, une grand-messe est célébrée dans la cathédrale de Monaco, en mémoire de la martyre corse.

Le rocher de Monaco, haut lieu magique, aurait pu devenir un haut lieu de pèlerinage, au même titre que le mont Sainte-Odile ou Lourdes, si cette énergie « magique » avait été transmutée en énergie « spirituelle ». C'est-à-dire si l'information de l'énergie avait été alchimiquement élevée à un niveau de conscience supérieur.

Le destin en a voulu autrement. L'énergie monégasque n'ayant pas été « sublimée », Monaco est devenu un haut lieu magique de la jet-society qui exerce une fascination envoûtante et une puissante attraction sur le reste de la planète.

Si « Monaco » est synonyme de palaces et de luxe, il est bien regrettable que l'on n'ait pas respecté les données élémentaires de l'habitat sain pour la construction des luxueux immeubles de Monte-Carlo, afin de concilier santé, bien-être et... haut de gamme, pour une réelle qualité de la vie.

L'énergie de Monte-Carlo étant plus faible, elle est dénaturée par le béton armé de certains immeubles, ce qui diminue d'autant la qualité biotique de ces habitations.

S'il est évident que c'est le béton armé qui a rendu possibles les prouesses techniques, exceptionnelles en matière de construction, permettant de gagner quelques mètres carrés sur la mer, il n'en reste pas moins que ce matériau nécessite d'être « humanisé » pour ne pas devenir défavorable à la santé et au bien-être de ceux qui y demeurent [1].

Cette santé si précieuse, capital incommensurable, mérite bien que l'on respecte les lois de base de la construction.

Heureusement, le rocher magique n'est pas loin pour prodiguer ses bienfaisantes énergies revitalisantes.

Gourdon et les gorges du Loup

Dans l'axe de Monaco, au nord de Grasse, la ville des parfums, Gourdon la Sarrasine est perchée en nid d'aigle à la pointe d'un éperon rocheux.

Ce village farouche surplombe de plus de 500 mètres le cours du Loup. Un panorama incomparable s'étale

---

1. Voir *Habitat et Santé,* Cosmitel, et *Guérir en soignant son habitat,* institut de recherches Habitat et Santé.

sur 80 kilomètres de la Côte d'Azur, de Théoule-sur-Mer à Nice.

On y accède de plusieurs manières :

— soit par la route des gorges du Loup, où la fraîche verdure se mêle aux rochers abrupts ;

— soit par la route du Pré-du-Lac, qui, après le plateau aride de la Sarrée, traverse un immense bois de chênes d'où l'on découvre une très impressionnante vue du village ;

— soit, pour les pèlerins chercheurs sportifs, par le chemin du Paradis, qui serpente allègrement au flanc de la montagne, à partir du hameau de Pont-du-Loup.

L'origine de Gourdon remonte à la plus haute Antiquité. Par sa position géographique, le village a dû souvent servir de place forte. De nombreux vestiges en témoignent : oppidums, routes et camps romains, ainsi que la forteresse qui domine par un à-pic de 300 mètres la vallée du Loup.

A l'ouest de l'agglomération, le château datant du IXe siècle, propriété des comtes de Provence jusqu'en 1235, peut être actuellement visité. Malgré les invasions sarrasines et les guerres qui ensanglantèrent le Midi, Gourdon a traversé les épreuves du temps sans trop de dommages.

Véritable aiguille d'acupuncture géante, cet éperon rocheux semble drainer les forces telluriques du plus profond des entrailles de la Terre.

Tel un geyser magique, ces énergies jaillissent généreusement de ce site exceptionnel et inondent les environs de leurs vibrations magiques.

Le soleil apporte une variante à ces effluves énergétiques et les transmute en de véritables rayons régénérateurs et reconstituants du champ électromagnétique de notre corps énergétique.

L'onde de vie dépasse, dans certaines zones, 24 unités positives, et la radioactivité n'atteint pas 90 pulsations par minute. Ce haut lieu de l'histoire est chargé d'une information spirituelle très puissante qui en fait un réel haut lieu sacré, alors que dans son histoire n'apparaît que son importance historique. La mystique est pourtant bien présente. Pour s'en rendre compte, il suffit d'assister à un lever du soleil. Le pèlerin chercheur ressentira rapidement que ce haut lieu a connu un passé cultuel intense, prêt à resurgir selon les informations véhiculées par les êtres qui l'approchent.

Les gorges du Loup, et particulièrement la zone du saut du Loup, constituent une zone de revitalisation extraordinaire. Si le fond des gorges n'atteint que 20 unités positives, les hauteurs dépassent les 24 unités.

Le triangle magique des Maures

Le triangle magique du massif des Maures est formé de trois courants telluriques qui relient Saint-Tropez, l'île du Levant et le Fenouillet, en passant par la chartreuse de la Verne.

A l'origine, il y avait un point fort supplémentaire qui représentait un losange magique : l'ermitage de Notre-Dame-des-Anges. Ce point fort cosmo-tellurique n'est aujourd'hui plus en activité, suite à l'implantation d'un relais T.D.F. C'est fort regrettable, car ce haut lieu d'origine mérovingienne est un but de pèlerinage très fré-

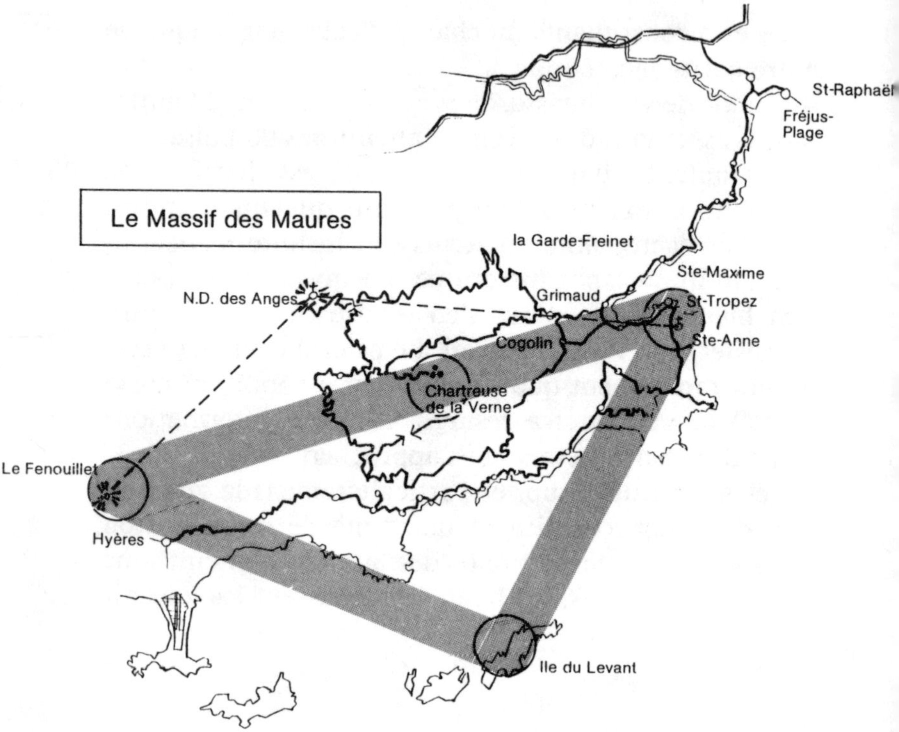

quenté, comme le prouvent les nombreux ex-voto qui recouvrent les murs de la chapelle. Ce site, connu des Celtes, a été rendu « stérile » par cette malheureuse initiative propre à l'ère électromagnétique, et le réseau tellurique se retrouve destructuré [1].

Le massif des Maures, réputé pour être difficile d'accès, est formé en majeure partie de schistes cristallins (gneiss et micaschistes).

1. G. Altenbach et S. Legrais, *Tout ce que l'on vous cache sur le danger des hyperfréquences*, Cosmitel.

Il constitue une des plus vieilles terres de Provence. Les quatre lignes de relief parallèles sont consécutives aux poussées successives d'origine pyrénéenne et alpine : les îles d'Hyères ; la chaîne des Pradels ; la chaîne de la Verne ; la chaîne de la Sauvette.

L'origine du nom de ce massif très boisé peut provenir du mot provençal *maouro,* « bois sombres », qui, francisé, a donné « maures », qui désignait ceux qui étaient venus d'Espagne.

Ceux-ci ont ravagé la côte au VIIIe siècle avant de s'installer sur les pentes qui encadrent la plaine Grimaud.

Le massif des Maures, vestige de la Tyrrhénie, capte par ses schistes cristallins l'énergie tellurique dans les profondeurs des entrailles du magma, tel un mégalithe gigantesque. Cette énergie était focalisée à l'origine en quatre points précis, qui délimitaient la zone « magique ».

Aujourd'hui, il ne reste en activité que les trois points que nous avons cités.

Les Maures, isolés et méconnus, furent recherchés au début du siècle par une clientèle aristocratique en quête de soleil et de mer, qui venait goûter les bienfaits du climat méditerranéen.

Saint-Tropez

Célébrité nationale, Saint-Tropez figurant parmi les lieux magiques et sacrés de la Côte d'Azur surprendra certainement le lecteur. Pourtant, on peut dire sans contestation possible que ce haut lieu de la mode qui défraie chaque année la chronique est un de ces centres telluriques « où il se passe quelque chose ».

Plusieurs légendes narrent la naissance de cette charmante bourgade. La plus connue est celle de l'hagiographie.

« *Torpes* (d'où " Tropez "), Italien de Pise, officier et intendant du palais de Néron, fut décapité en 68 pour ses convictions chrétiennes.

« Son corps, jeté dans une barque entre un chien et un coq, toucha terre sur une plage voisine de la cité gallo-grecque de *Heradea Caccabaria,* l'antique Saint-Tropez.

« Une riche veuve romaine, convertie au christianisme, recueillit le corps du martyr et lui donna une sépulture connue d'elle seule.

« Quant à la tête, elle fut gardée à Pise, où, dit-on, il est encore possible de la voir dans une des chapelles de la ville [1]. »

Saint-Tropez est un lieu pourvu d'un « plus » extraordinaire, qui pourrait être l'explication de cette fantastique explosion des années 50 : une intense concentration de l'énergie du massif des Maures en trois points précis, qui forment le triangle magique des Maures.

La « magie » de Saint-Tropez fut découverte par Maupassant, à la fin du XIXe siècle.

Hier, charmante petite ville, mal desservie par un chemin de fer poussif à voie étroite, avec quelques barques de pêche se balançant indolemment dans le port, Saint-Tropez est devenue une station dont le milieu de

1. *Guide de la Provence mystérieuse,* Tchou.

la presse, des lettres et des arts fait l'un des carrefours d'été de l'Europe.

La notoriété de Saint-Tropez est due aux séjours de célébrités : Colette, Paul Signac, Jean Poiret, Jean Cocteau, Brigitte Bardot, Michèle Morgan, et bien d'autres...

En 1892, lorsque le peintre Paul Signac débarqua à Saint-Tropez, fut-il séduit par le site, ou par cette magie vibratoire omniprésente (et omniagissante) qui fait le charme de cette cité ? Mais « charme », n'est-ce pas synonyme de magie et d'énergie ?

S'il est exact que Saint-Tropez exerce une véritable fascination sur les touristes du monde entier, il n'en reste pas moins que cette petite ville magique « nourrit » les êtres qui y passent ou y séjournent. Ceux-ci repartent avec un « plus ».

Mais quelle est donc cette nourriture de l'âme tant convoitée ? c'est la même que celle que nous recherchons auprès des êtres enveloppés de cette aura rayonnante qui charme, subjugue, mais qui peut aussi guérir, faire réussir, ou apporter la sécurité et le bonheur.

La « vitalité » moyenne de Saint-Tropez est de 18 unités positives, mais, à 4 kilomètres du bourg, perché sur un piton volcanique, à l'ombre de grands arbres, veille le véritable haut lieu. Jusqu'à 28 unités positives sur cette colline où se dresse la charmante chapelle Sainte-Anne, lieu de pèlerinage pour les gens de la mer et les « bravadeurs ». Presque 120 impulsions par minute sont mesurées au radioactivité-mètre.

Une énergie pure, cristalline, voire purificatrice émane de ce site dominant la mer de tous côtés et se propage sur Saint-Tropez et son golfe.

Ce qu'il y a de plus étrange, c'est que ce haut lieu de pèlerinage ne porte pas une information particulièrement sacrée, mais serait plutôt un véritable site thérapeutique.

Reposant, relaxant, sédatif : telles sont les vertus dominantes de ce haut lieu méconnu, voire occulté par les fastes de Saint-Tropez.

La chartreuse de la Verne

L'axe magnétique qui relie Saint-Tropez au mont du Fenouillet traverse la chartreuse de la Verne, au passé prestigieux.

A l'écart des grandes voies de communication, les bâtiments du monastère sont encore empreints de la vie intense qui animait les lieux au XIIe siècle.

La chartreuse se situe à 6 kilomètres de la petite route sinueuse reliant Grimaud à Collobrières : un difficile chemin de terre caillouteux, véritable parcours initiatique pour automobiles.

Il est presque conseillé d'effectuer le parcours à pied, dans ce haut lieu de la nature où l'on découvrira la chartreuse accrochée au flanc de la montagne.

Il est intéressant de remarquer qu'au milieu de l'église et du grand cloître passe un courant tellurique qui correspond à la frontière entre le diocèse de Fréjus et celui de Toulon.

Non loin de la chartreuse se dressent les deux plus hauts menhirs de la Côte d'Azur (3,60 m et 2,90 m). Ils sont situés sur l'axe magnétique, à 200 mètres de la ferme Lambert. Selon F. Benoît, ils dateraient du bronze final et pourraient être les vestiges d'un alignement.

Les bâtiments du monastère sont faits de schistes bruns des Maures. La serpentine leur apporte une note insolite par ses reflets vert bleuté.

Pourquoi avoir construit cette importante chartreuse dans un endroit aussi isolé, si ce n'est pour respecter la loi des courants telluriques qui traversent ce site et relient Saint-Tropez au Fenouillet ?

« Indiscutablement, et même sans qu'on puisse bien en analyser les raisons, le site de la Verne exerce sur le visiteur même le plus blasé l'impression de pénétrer dans un tel monde invisible et sacré, dont la transcendance, bien qu'elle prenne des formes différentes, adaptées à chaque individu, n'en est pas moins évidente [1]. »

La tentation est grande de se remémorer, en l'adaptant, la phrase que Kipling met dans la bouche de son héros Kim, en marchant vers les « hautes montagnes » du Népal : « Certes, les dieux vivent ici. Ce n'est pas un endroit pour l'homme... »

Haut lieu sacré, où l'information spirituelle est très puissante, la chartreuse de la Verne dépasse les 25 unités positives. Il est possible pour les êtres en quête de nature, de dépouillement et d'isolement, de se faire accepter en retraite.

Une poignée de sœurs assure courageusement la survie de cette chartreuse, symbole d'une spiritualité d'action. Artisanat, poteries, faïences peintes à la main et produits du monastère sont proposés aux visiteurs pour assurer l'existence de la congrégation.

1. Pierre Grimaud, *La Chartreuse de la Verne.*

Véritable voyage dans le temps, la visite de ce haut lieu nous fait retrouver la vraie vocation de l'homme : dépassement de soi, amour, et conscience.

« Il existe des lieux où l'on prie, des lieux qu'une indéfinissable singularité prédestine à ce déchirement de la pensée où soudain se révèle un envers sacré du monde invisible, que de tels lieux répondent à des constantes universelles, sans rapport avec telle ou telle religion, il est difficile d'en douter. Innombrables en sont les témoignages...

« ... Les lieux sacrés sont des lieux médiateurs. Ils servent d'intermédiaires entre l'âme du visiteur et une transcendance que le lieu précisément manifeste [1]... »

Le sommet du Fenouillet

A l'ouest des Maures, le sommet du Fenouillet, du haut de ses 291 mètres, surplombe le petit massif des Maurettes. Une route relie Hyères à la chapelle néo-gothique qui se situe en contrebas. De là, un chemin très abrupt conduit au sommet du Fenouillet. La vue est magnifique, et l'énergie est très tonique et stimulante, ce qui correspond aux 140 pulsations par minute du radioactivité-mètre.

Lieu magique par excellence, le sommet du Fenouillet est propice à la dynamique mentale et à la programmation positive.

Il surplombe la ville d'Hyères, où, vers la fin du IIIe siècle av. J.-C., les Grecs de *Massalia* fondèrent sur le

1. Aimé Michel, *La Géographie de la prière.*

territoire de l'Almanarre un comptoir du nom d'*Olbia,* auquel succéda la ville romaine de *Pomponiana.*

Visité par Saint Louis, puis par François Ier, Hyères séduisit ce dernier par son climat si particulier, sous lequel poussaient des orangers aux fruits abondants, des palmiers gigantesques, et où l'on essayait la culture de la canne à sucre.

L'île du Levant

La pointe du triangle magique, l'île du Levant, est regrettablement le haut lieu le plus inaccessible.

En effet, si cette île est un haut lieu magique, c'est (malheureusement) aussi un haut lieu de la Marine nationale.

Paradis minéralogique, l'île du Levant est la plus orientale des îles, la plus longue et la moins élevée.

Grenats, tourmalines noires, pierre de fer, quartz, micas, schistes cristallins enchanteront les amateurs de cristaux.

Occupée naguère par les Ligures et les Celto-Ligures, puis par les Phocéens et les Romains, l'île du Levant fut ensuite parée, aux alentours du ve siècle, d'une abbaye par les moines de Lérins.

Cette étroite arête rocheuse était, du temps de ces moines, le jardin d'abondance et le grenier de l'abbaye.

Cette prospérité attira les barbaresques, qui pillèrent, massacrèrent et détruisirent une partie de leur abbaye.

Au xve siècle, les bénédictins, puis les frères de la

Croix s'y établirent, avant d'être chassés lors de la Révolution.

Les vestiges du passé : le fort Napoléon ou le château du comte de Pontalès, Pierres-Noires, étonneront le pèlerin chercheur, qui s'offusquera probablemnt contre l'envahisseur qui monopolise les neuf dizièmes de la superficie de l'île.

Haut lieu magique, l'île d'Hyères est aussi un haut lieu du naturisme où les tenues d'Adam et d'Ève sont de rigueur dans le camp.

LES PYRÉNÉES DES CATHARES

Les Pyrénées, trait d'union entre la Méditerranée et l'océan Atlantique, se caractérisent par la juxtaposition de grandes unités géologiques disposées longitudinalement.

Ces montagnes sont le résultat de divers bouleversements géologiques. Sur l'emplacement actuel des Pyrénées s'élevaient des montagnes hercyniennes comparables au Massif central ou aux Ardennes.

Les recherches et les mesures dans le domaine du cosmo-tellurisme ont mis en évidence deux zones privilégiées où se distinguent quelques hauts lieux magiques et sacrés : le plateau de Sault ; et le Béarn.

Les Pyrénées sont traversées par une ligne tellurique « horizontale » qui relie Puivert, Montségur, Bétharram, et remonte vers Bordeaux en traversant Barbotan-les-Thermes.

L'importante faille qui relie Perpignan à Lourdes avant de rejoindre la côte Atlantique interfère avec cette ligne tellurique. En présence des modifications des zones géologiques — primaire axiale, nord-pyrénéenne et sous-pyrénéenne —, se sont créés des points forts dont certains sont encore en activité.

Si dans les Pyrénées les traces de l'homme remontent à trois cents ou quatre cents millénaires, comme l'attestent les découvertes d'une mâchoire humaine en 1949 à Montmaurin, ou des restes d'un homme à Tautavel en 1970, l'histoire des Pyrénées est principalement liée aux cathares.

« Le mot de cathare ne correspond pas à une donnée vécue du vocabulaire de l'époque. Sans doute le trouvons-nous sous la plume des polémistes catholiques d'alors, mais, s'il a fait fortune, il ne fut pendant longtemps que l'une des innombrables étiquettes que l'on accolait à ceux qui professaient des croyances dualistes. La tradition historique et littéraire aidant, il a aujourd'hui le mérite de désigner une réalité bien précise : les églises dualistes qui fleurirent au XIIe et au XIIIe siècle, du Languedoc à l'Italie, et qui offrent d'étroites parentés de dogme, d'éthique et d'organisation. Il demeure de surcroît fort pratique pour distinguer, dans le pullulement de sectes que connurent les XIe et XIIe siècles, le courant — mais alors on dira plus justement " précathare " — qui annonce par ses croyances, ses rites, sa morale, voire aussi son organisation, la grande hérésie historique attestée en Occitanie du milieu du XIIe siècle au début du XIVe.

« En réalité, les textes narratifs du temps comme les actes des tribunaux inquisitoriaux ne parlent pas de " cathares ", mais d'" hérétiques " dans le cas des " parfaits " et des " parfaites " — c'est-à-dire des membres du clergé cathare — et de " croyants ", dans le cas des simples fidèles.

« Il paraît évident qu'il nous faut aujourd'hui appeler

“ cathare ” non seulement le parfait, mais aussi le simple fidèle [1]. »

Le château de Puivert

« Ce qui passe ne revient jamais », affirme une sage parole, gravée sur le cadran solaire de Notre-Dame-de-Marseille, à Limoux. Et cependant, qui songerait à nier l'extraordinaire impression qui vous saisit au château de Puivert, devant sa dépouille de pierres, tourelles, murailles, toutes bâties d'amour [2].

Aux confins du pays de Sault, le bassin de Puivert était encore immergé au Moyen Age.

C'est en 1279 que le lac se vida subitement, dévastant les villes de Mirepoix et de Chalabre.

Le site qui mérite toute l'attention du pèlerin chercheur est la colline qui surplombe le paysage mouvementé et boisé au sud de Limoux. A son sommet se dresse l'énigmatique château de Puivert.

On y accède en quittant Quillan par la D 117 en direction de Lavelanet. On s'engage alors sur une route à lacets ; bientôt, une vue magnifique embrasse la vallée de l'Aude.

Au lieu-dit « Camp Ferrier », 1 kilomètre avant le village de Puivert, un chemin non carrossable permet de monter au château.

Le site de Puivert, la « montagne verte », a gardé une

1. Michel Roquebert, *L'Épopée cathare.*
2. Joseph Ribas, *Mes Pyrénées.*

empreinte médiévale avec son plan d'eau, jadis lac dans lequel se mirait le château.

Les hameaux isolés qui parsèment ce paysage verdoyant et fertile, dont les maisons bien groupées rappellent d'anciennes habitations de pêcheurs, ajoutent une touche insolite à cette atmosphère d'un autre âge.

A l'intérieur du château, dans la salle haute du donjon, huit représentations de musiciens jouant chacun d'un instrument médiéval témoignent de l'éclat de la vie seigneuriale à Puivert au temps des troubadours.

Les instruments de musique utilisés sont la cornemuse, le tambourin, la viole, le luth, la harpe, le psaltérion, le rebec.

Cette salle gothique représente l'intérêt principal du château pour le commun des touristes. Cependant, l'« initié » en cosmo-tellurisme percevra très rapidement l'énergie très puissante qui émane du lieu.

La colline offre, au géodynamètre, 22 unités positives, et la radioactivité avoisine les 90 impulsions par minute.

Haut lieu magique, le château de Puivert semble être un endroit idéal pour la création artistique orientée vers la sculpture. Son architecture n'étant pas conçue pour résister aux attaques, il fut un des premiers à tomber, en 1210, au terme d'un assaut de quelques jours seulement. Simon de Montfort le donna à un noble croisé de Bruyères-le-Châtel, près d'Arpajon, dont les descendants firent dès lors souche dans la région.

Il existe de nombreux châteaux dans ce secteur, comme Peyrepertuse, Quéribus, Puillaurens, mais ceux-ci n'ont pas les particularités énergétiques de Puivert.

Le château de Puivert ne se trouve qu'à quelques

lieues du plateau sec et aride, célèbre pour son petit village, de Rennes-le-Château, où serait dissimulé le fabuleux trésor de l'abbé Saunière.

Mirepoix, carrefour magique

Le pays de Mirepoix est situé à la jonction de trois grands ensembles :

— le Bassin aquitain, l'ancien Toulousain et le Lauragais ;

— le Béarn, le Piémont nord-pyrénéen et les Corbières ;

— la chaîne axiale des Pyrénées.

La ville de Mirepoix est installée sur la rive gauche de l'Hers-Vif, entre la rivière et une bande de coteaux au sud.

La sépulture collective de l'abri sous roche de Montranier, dont le mobilier comportait un collier de dents humaines percées, atteste que l'homme s'était installé dans la région depuis le paléolithique (6 000 av. J.-C.).

Le voile commença à se lever pour la fin de la protohistoire (IIe et Ier siècles avant J.-C.). Trois points sont occupés, dans un rayon de 3 kilomètres autour de la ville actuelle :

— le coteau de Terride, sur lequel se dresse le château médiéval de Mirepoix ;

— le coteau de Saint-Loup, plus à l'ouest ;

— la rive gauche de l'Hers-Vif, dans une zone appelée « site des Olivettes ».

Un chantier de fouilles est à l'heure actuelle implanté dans cet habitat antique.

La fouille, qui débute, a montré que se trouvaient des maisons des deux côtés d'une rue centrale, orientée est-ouest. Dans la rangée sud, une maison était encore occupée à la fin du IVe siècle après J.-C.

Sur les cinquante sites gallo-romains recensés en Ariège, celui des Olivettes suscite un très grand intérêt, tant la richesse des trois niveaux archéologiques découverts lors des fouilles est primordial et risque de bouleverser le paysage culturel et touristique de cette accueillante région.

En effet, des sondages et des photographies aériennes ont permis de localiser des vestiges gallo-romains de toute première importance.

Mirepoix connut une histoire très mouvementée à partir du Moyen Age, fortement influencée par les répercussions du catharisme.

Les deux témoignages écrits se rapportant à l'occupation médiévale de cette partie de la vallée de l'Hers-Vif sont :

— la charte de 1063, qui mentionne l'allégeance de Raymond Bataille pour le château de Mirepoix à la comtesse de Carcassonne ;

— l'attestation en 1079 de l'existence d'un prieuré à Saint-Victor-de-Marseille-Mazerettes, qui se situe à côté de Mirepoix.

Au fil des siècles, Mirepoix subit bien des épreuves : la rupture des digues du lac de Puivert, en 1279, qui l'ensevelirent sous la boue ; l'incendie qui, quelques années plus tard, ravagea la ville ; la peste, tuant cinq mille âmes.

Les habitants de la pittoresque bourgade de Mirepoix, dont la place principale est entourée de maisons séculaires, ignorent probablement ses particularités cosmo-telluriques.

En effet, les maisons de la fin du XIIIe et du XVe siècle, dont le premier étage s'avance sur des « couverts » de charpente, forment avec leurs magasins vieillots et leurs cafés un lieu de détente fort agréable, semblant être, outre la cathédrale, les seuls attraits de Mirepoix.

Pourtant, les mesures sont formelles. Ce charmant petit bourg est un authentique haut lieu cosmo-tellurique. Une convergence d'énergies inonde cette région, dont les zones les plus puissantes atteignent 22 unités positives. Il n'y a en réalité pas d'intersection de plusieurs courants telluriques, mais une interaction entre le tellurisme, la géologie et la sismicité.

Haut lieu thérapeutique, la région de Mirepoix est à conseiller aux personnes fatiguées nerveusement.

Le taux de radioactivité y atteint 85 impulsions par minute.

Chaque année se déroule à Mirepoix une majestueuse fête gothique qui recrée le temps. Prodigieux spectacle en décors naturels, accessoires et costumes d'époque, qui, tout au long de ces journées médiévales, ressuscite les plaisirs des princes de jadis.

Le château de Montségur

De très loin, on aperçoit la silhouette insolite du *pog* de Montségur, majestueux rocher qui se détache à l'horizon tel un phare fantomatique.

Temple ou forteresse, le château de Montségur, érigé à 1 200 mètres d'altitude, devant l'imposant massif de près de 2 400 mètres, est visible à un rayon de plus de 100 kilomètres.

Une littérature aussi abondante que controversée alimente les innombrables questions que suscite ce monument du catharisme. Dans cette étude, nous nous attacherons particulièrement à l'état vibratoire actuel en toute objectivité.

Ce site bénéficie d'une situation privilégiée sur le plan cosmo-tellurique, car il est traversé par l'axe magnétique qui relie la Méditerranée à l'Atlantique.

Nous sommes, là aussi, en présence d'une aiguille d'acupuncture géante qui focalise le potentiel énergétique et crée un « pont vibratoire » entre la Terre-mère et le Cosmos.

Jadis, probablement, haut lieu spirituel très intense, le château de Montségur se classe actuellement plutôt dans les hauts lieux magiques, car son énergie a perdu presque totalement son information « sacrée ».

Nous sommes donc aujourd'hui, avant tout, en présence d'un « miracle de la nature », où le géodynamètre enregistre entre 24 et 28 unités positives.

Cette affirmation surprendra sans nul doute les partisans du catharisme, voire les édifiera, mais de nombreuses mesures, à des époques différentes de l'année et échelonnées sur plusieurs années, confirment bien cette information.

Il est fort probable que ce site ait été un lieu sacré jusqu'au XIIIe siècle, car cette imposante bâtisse possède nombre de particularités qui en feraient un temple plutôt qu'une forteresse.

On peut envisager que lors de la prise de Montségur,

en 1244, les cathares aient « gommé » l'information sacrée avant de quitter les lieux.

Probablement siège d'un ancien temple solaire, comme le démontrent son orientation et la pénétration du soleil levant à travers les archères du donjon au solstice d'été, le site du château de Montségur, la « montagne sûre », était déjà occupé au néolithique.

Le château fut construit entre 1206 et 1209 sur les indications de Guillabert de Castres à l'emplacement d'une ancienne place forte du temps des Wisigoths.

Il est intéressant de noter que cette initiative a été prise à la suite d'une grande réunion de la communauté cathare regroupant près de 600 délégués de l'Église hérétique.

Ce spectaculaire conseil cathare se tint à Mirepoix.

Dans ses écrits, Fernand Niel montre comment, à la suite du synode cathare qui s'est tenu vers 1232 à Montségur, le château devint véritablement le Vatican de l'hérésie, à la fois siège de la haute hiérarchie et but d'incessants pèlerinages.

Le château ariégeois, forteresse défensive ou temple sacré, doit incontestablement sa célébrité au siège de dix mois qu'il soutint en 1243-1244.

Le bûcher qui vit périr plus de deux cents parfaits et parfaites, figure de symbole, résume aujourd'hui le drame cathare. Ce bûcher fut allumé le 16 mars 1244, probablement en fin d'après-midi. Les cathares moururent en chantant des cantiques et en bénissant leurs persécuteurs.

L'histoire rapporte que la fumée de l'holocauste fut si dense que « l'air en était empesté jusque du côté de Mirepoix ».

LE CATHARISME

« Le catharisme est particulièrement sensible au problème du mal. Pour les cathares, Dieu est amour, Dieu est parfait ; il n'a pu ni vouloir, ni créer le Mal, surtout pas à titre d'épreuve au rachat de l'homme ; Dieu subit le Mal. Derrière le Mal existe le principe du Mal, qui est lui aussi un dieu ; dieu des ténèbres, il est inférieur au Dieu de lumière qui est le vrai dieu. Le Dieu du Bien, c'est le Dieu de lumière, l'esprit pur, l'éternité ; l'autre dieu est la négation du précédent. C'est l'ombre, la matière, le temps ; la matière, le temps, n'est-ce pas le monde, l'existence ? L'existence, la création ne sont pas à mettre au crédit de Dieu, ce n'est donc pas le vrai Dieu qui a créé le monde, mais il est manifestation du dieu du Mal. L'univers d'ici-bas est le monde du " mélange " où le Bien et le Mal s'affrontent ; ils s'affrontent aussi dans chaque âme : l'esprit, émanation du Dieu du Bien, s'oppose aux besoins, aux désirs, aux tentations, en un mot, au corps. Celui que les chrétiens appellent " le Créateur " n'est qu'une émanation du principe mauvais. Le monde étant une prison, il faut s'en arracher, renoncer à tout, mépriser le corps ; on assurera ainsi la victoire du Bien sur le Mal. Le mariage est immoral, puisqu'il débouche sur la génération, acte qui met au monde une nouvelle prison pour une âme ; la propriété ne doit plus exister, puisqu'on refuse les biens terrestres. »

Extrait de *Promenades en pays cathare,*
de Daniel PÉDOUSSAT.

On ne peut s'empêcher de mettre la date du 16 mars en relation avec celle de la fête cathare du 13 mars [1], l'ancienne fête de Pâques peut-être ?

Cette relation est d'autant plus troublante que l'his-

1. Selon l'hypothèse de Fernand Niel.

toire révèle qu'un délai de quinze jours avait été demandé aux assiégeants. Une clause insolite émanant des deux parties, qui constitue un cas unique dans l'histoire du Moyen Age.

Le pèlerin chercheur ne pourra non plus résister à la tentation de relier ces deux énigmes, la date et le délai, à la désinformation spirituelle du château de Montségur.

Les cathares ont donc bel et bien emporté le Graal dans les flammes, symbole alchimique de purification et de renaissance.

Les grottes de Bétharram

Le Béarn est traversé en diagonale par les gaves de Pau et d'Oloron. Un paysage pittoresque de prairies et de labours s'étage sur les pentes des cours d'eau et leur apporte une note pastorale, empreinte d'une amplitude reposante.

Le gave de Pau, qui relie Lourdes à Pau avant de rejoindre l'Adour, traverse cette région du haut Béarn, où toutes les énergies des Pyrénées centrales semblent s'être données rendez-vous.

La célèbre atmosphère calme et sereine de la région du sud de Pau et l'absence de courants d'air violents contribuent à faire de ce site un haut lieu vibratoire où tout séjour climatique devient aussi un pèlerinage cosmo-tellurique.

Les milliers de croyants qui chaque année se rendent en pèlerinage à Lourdes sont-ils conscients que le potentiel énergétique le plus élevé n'est pas à Lourdes mais à quelques kilomètres à l'ouest ?

En effet, les mesures au géodynamètre attestent indiscutablement que le véritable haut lieu cosmo-tellurique se situe maintenant dans la région de Bétharram.

L'axe magnétique dont bénéficient Mirepoix et Montségur, et jadis, Lourdes et Bagnères-de-Bigorre, dynamise abondamment de ses énergies bienfaisantes les grottes de Bétharram avant d'être croisé par un courant tellurique quelques kilomètres plus loin.

Ces grottes, reconnues comme des plus belles qui existent, et certainement des plus curieuses à visiter, comprennent cinq étages superposés, comme ceux d'une maison.

Chaque étage a été creusé à une époque différente.

Les grottes de Bétharram furent découvertes en 1819 par des bergers. Impressionnantes, elles offrent un parcours souterrain de 2,8 kilomètres qui permet de visiter les cinq étages creusés par la rivière dans la montagne de calcaire.

Un monde en miniature construit dans les entrailles de la terre, où l'homme prend conscience que le temps n'existe pas. Chefs-d'œuvre d'une goutte d'eau travaillant depuis des millénaires, ces beautés grandioses sont un fantastique haut lieu thérapeutique. Dans ce monde silencieux, l'être humain retrouve ses sources et ses racines.

Une impression de « non-être » nous transporte dans un autre état de conscience.

Le taux de radioactivité ne dépasse pas, là, 70 impulsions par minute et l'onde de vie varie autour de 22 unités positives.

Bien sûr, la visite classique en compagnie d'une centaine de touristes n'est pas idéale pour une démarche de thérapie cosmo-tellurique, mais elle permet d'admirer des sculptures d'une merveilleuse beauté et apporte une meilleure compréhension des mouvements du sous-sol et des phénomènes d'érosion : un cours naturel de géologie.

La formation de ces grottes résulte d'une préexistence de crevasses et de cassures souterraines, dans le calcaire, qui ont tracé leur voie aux infiltrations.

Les crevasses ont capté peu à peu les cours d'eau de la surface du sol. Ces cours d'eau, par érosion mécanique et aidés par la corrosion chimique, ont élargi les fissures souterraines en de vastes cavernes.

Les trois étages supérieurs sont des galeries « mortes », car la rivière qui les a formés a disparu, ayant été détournée de sa voie primitive par des causes extérieures.

La partie supérieure a été à sec dans des temps fort reculés, comme l'a constaté le professeur Carthailhac, de Toulon, qui a découvert dans l'argile, sur nombre de parois, des traces pétrifiées de coups de griffes d'ours des cavernes.

La rivière qui vient de l'extérieur fait son apparition dans le cinquième étage des grottes, c'est-à-dire à 80 mètres plus bas que le point où se situe le « gouffre ».

C'est sur cette rivière que les visiteurs achèvent leur périple par une promenade en barque.

Parmi les curiosités, véritables œuvres d'art de dame Nature, notons :

— la Cloche géante, suspendue dans un dôme très élevé. C'est une stalactite creuse ;

— la Mosquée, une stalactite blanche ;

— la voûte de la grotte supérieure, sculptée par la rivière et rappelant une vieille cathédrale anglaise ;

— le Château fort, silhouette d'une grosse masse de calcaire dans laquelle la nature a ciselé tours, tourelles et donjon ;

— le Bassin des naïades, de chaux, produit par la dissolution du carbonate de chaux, et la Loge du théâtre, avec ses draperies ;

— la Salle des lustres, dont le bizarre groupement des stalactites à la voûte rappelle des lustres géants ;

— les Excentriques, stalactites sur lesquelles les savants ne se sont pas encore mis d'accord pour en expliquer l'origine. Elles ne se rencontrent que très rarement ;

— la Coquille d'huître, géante, dont le calcaire qui s'y est déposé imite admirablement la nacre ;

— la Momie, qui semble veiller, inondée de larmes, sur un amour perdu.

Dans ces éternelles ténèbres,
Où dorment d'anciennes amours,
Toutes les larmes sont figées,
Quelque chose y pleure toujours [1].

1. Sully Prudhomme, *Les Grottes de Bétharram.*

Les sanctuaires de Bétharram

A quelques kilomètres des grottes, les sanctuaires de Bétharram impressionnent par l'ambiance solennelle qui en émane.

Le pèlerin chercheur comprendra rapidement l'importance de ce lieu en levant les yeux sur la façade de la chapelle du Pèlerinage, datant du XVIIIe siècle.

La Vierge, entourée des quatre évangélistes et dont « les pieds écrasent le serpent infernal », se situe exactement à l'intersection de l'axe magnétique dont nous avons déjà parlé et d'un violent courant tellurique qui descend de la colline.

L'énergie produite à cet endroit précis est extrêmement défavorable et descend jusqu'à 24 unités négatives (– 24).

C'est une énergie purificatrice destinée, selon les lois de l'alchimie, à préparer les pèlerins initiés, ceux qui savent reconnaître cette information, à accéder à un autre état de conscience pour élever leur taux vibratoire.

Ce phénomène peut être comparé aux fameux « murs » de protection invisibles qui « barrent » l'entrée des pyramides.

Une fois entré dans la chapelle, le visiteur ressent très bien une onde chaleureuse qui l'envahit. Elle atteint progressivement 24 unités positives (+ 24).

L'expérience mérite d'être tentée. En restant quelques minutes à l'aplomb de l'intersection, nous remarquons très rapidement que notre corps ne réagit pas normalement. Bien sûr, cela dépend du degré d'ouverture et de réceptivité de chacun, et également de son potentiel énergétique. Dans la plupart des cas, on a l'impression de « se vider par les pieds ».

En montant le sentier qui mène aux sanctuaires, on perçoit très nettement que celui-ci est traversé par le violent courant tellurique que nous avons cité.

Bétharram se trouve au pied d'un rocher, sur la rive gauche du gave de Pau, né des éboulis du cirque de Gavarnie. De torrent, celui-ci se mue, à Bétharram, en nappe d'eau tranquille. Indissociable des particularités cosmo-telluriques de Bétharram, il représente le troisième élément du triangle de la transmutation de la matière : cosmos, terre-mère, eau.

Le chapelain Labastide du Tausian, au XVIIIe siècle, avait déjà été sensible au rôle particulier du gave de Pau : « Du haut des Pyrénées se précipite le gave, qui roule ses eaux rapides parmi les rochers et les écueils ; on le voit bientôt s'élancer en mugissant à travers les campagnes ; ne dirait-on pas alors qu'il vole au combat ? Mais quand il vient à longer le sanctuaire de Bétharram, soudain il s'apaise ; sa fureur est brisée ; il règle son cours impétueux ; il s'écoule en flots si paisibles qu'il semble saluer, par un léger murmure, la divine Mère, et répandre à ses pieds le tribut de ses eaux. »

Bétharram (« la mère qui sauve ») portait jusqu'au XVIIe siècle le nom de *Gatarram.*

Un épais mystère plane autour du choix du lieu d'implantation de la chapelle, qui étonnait déjà les auteurs des textes anciens.

« Pour construire cette chapelle à cet endroit précis, il fallut briser à grands frais les roches de la montagne qui suivaient sa pente jusque sur la rive escarpée du gave, tandis qu'à très petite distance (50 m), en amont ou en aval, se trouvent deux plateaux assez vastes qu'on devait naturellement préférer. On peut être crédule, mais il est rare que tout un peuple soit inconséquent au point de se condamner, sans motif, à des travaux et à des dépenses aussi considérables », remarque l'abbé Menjoulet en 1859.

« Quelque chose de sérieux avait dû se passer à cet endroit difficile mais précieux », note également Raymond Descomps.

Pour le pèlerin chercheur initié au cosmo-tellurisme, il ne fait aucun doute que ce lieu a bien été élu pour ses particularités énergétiques.

Selon la légende, l'endroit correspondrait à la découverte d'une statue miraculeuse par des bœufs tirant une charrue.

A l'intérieur de la chapelle, avant l'appui de la tribune de l'orgue, d'anciennes peintures, du début du XVIIe siècle, présentent les premières processions de malades. Sur l'une, on remarque deux voyageurs, la musette en bandoulière, accueillis devant la chapelle par un troisième personnage. Qui est-il ? Un autre tableau représente un groupe de « boiteux et pieds tords » bardés de béquilles, tombant à genoux devant la chapelle. Sur un troisième tableau, c'est un paralysé que deux hommes portent sur un brancard. Un autre nous montre des hommes et des femmes à genoux près d'une fontaine. Une illustration représentant des lits dans un hôpital semble être en relation avec cette même fontaine. Sur le dernier tableau, une chapelle en ruine, ayant été brûlée par les hérétiques, est illuminée par une lumière surnaturelle.

L'AQUITAINE, LE POITOU ET LES CHARENTES DES PÈLERINS DE SAINT-JACQUES-DE-COMPOSTELLE

Traversés jadis par trois des principales voies d'accès à Saint-Jacques-de-Compostelle, l'Aquitaine, le Poitou et les Charentes abritent encore quelques hauts lieux cosmo-telluriques qui combleront les pèlerins chercheurs amateurs de hauts lieux naturels.

Les itinéraires de Saint-Jacques, circuits initiatiques par excellence, suivaient des tracés précis correspondant à une géographie sacrée reliée aux courants telluriques.

L'histoire de ce célèbre but de pèlerinage médiéval est lié à la croisade contre les Infidèles.

« Quand régnaient, en Occident, Charlemagne, et, sur les Asturies, Alphonse II le Chaste (789-842), une nouvelle extraordinaire se propagea dans la chrétienté. Tout au bout de cet humble royaume des Asturies, qui, dans le nord-ouest de la péninsule Ibérique, luttait pour échapper à la domination musulmane, en Galice, au bord de l'océan, là où l'ultime frange de la terre du Christ s'insère et se perd parmi les vagues, mais oui, très loin là-bas, dans le mystère et la brume, avait eu lieu l'invention de saint Jacques le Majeur. D'après les récits merveilleux qui peu à peu se répandirent en s'amplifiant, l'apôtre avait quitté l'Orient, débarqué à *Iria Flavia* (aujourd'hui El Padron, en Galice), évangélisé l'Espagne pendant plusieurs années, puis regagné la Judée, où il avait subi le martyre. Son corps, accompagné par des disciples fidèles, fut alors embarqué à Jaffa et, au terme d'une traversée miraculeuse, regagna *Iria Flavia.*

« Le tombeau de l'apôtre, édifié à quelque distance de la ville à l'intérieur des terres, eut pour gardiens ses disciples Théodore et Athanase, dont les restes devaient être ensevelis auprès des siens. Il fut abandonné pendant les persécutions, puis perdu par cet oubli même. Redécouvert à la clarté d'une étoile miraculeuse, il devint d'abord l'objet d'un culte local, puis le but d'un pèlerinage qui fit concurrence à Rome et à Jérusalem. La tradition rapportait aussi que, lors de la bataille de Clavijo en 844, le saint était apparu sous la forme d'un cavalier éblouissant, chargeant les Maures aux côtés des chrétiens. Et cette apparition fit désormais de lui le patron de la lutte contre les musulmans, bientôt le chef spirituel de la Reconquête, de la croisade contre les Infidèles [1]. »

Ces deux régions se caractérisent par leur position dénivelée par rapport aux Pyrénées, au Massif central et au Massif armoricain.

Différents effondrements, l'érosion marine et fluviale ont apporté à ce paysage des courbes naturelles qui confèrent au site des notes pittoresques.

Dans cette région que borde l'Atlantique, la fréquence

1. Y. Bottineau, *Les Chemins de Saint-Jacques-de-Compostelle.*

des énergies cosmo-telluriques rappelle celle des hauts lieux de l'Ile-de-France. L'amplitude des fréquences émises est large et harmonieuse.

La proximité de l'océan apporte une énergie marine appréciable. Mais cette ambiance vibratoire propre à l'Aquitaine n'a aucun rapport avec la Bretagne, malgré la présence de l'Atlantique.

En effet, la nature de la géologie du sous-sol, l'orientation comme la provenance des courants telluriques et le taux de radioactivité dissocient totalement ces deux régions. Ils en font par contre deux « sœurs » très complémentaires : l'une tonique, l'autre sédative.

Barbotan-les-Thermes

Les Landes de Gascogne, divisées depuis l'occupation romaine par les invasions, puis par les luttes de la féodalité et les guerres de religion, abritent à l'ouest de l'Armagnac, dans le bas Armagnac, une accueillante petite station thermale : Barbotan-les-Thermes.

Protégé au creux d'un sympathique vallon boisé, Barbotan est réputé pour l'efficacité de ses eaux dans le traitement des rhumatismes, des maladies circulatoires des jambes et de certaines maladies respiratoires.

Véritable paradis de l'âge d'or, cette petite station thermale, réputée pour ses boues végéto-minérales, est connue depuis l'Antiquité. Elle a l'air d'un grand cirque abrité de tous côtés, sauf au sud, par de riantes collines couvertes de vignes, de vergers et de prairies. La végétation y est luxuriante, et le climat, doux et tempéré en toute saison.

Le nom de Barbotan n'est pas le nom primitif du bourg. Celui-ci, en effet, n'a d'abord été connu que sous le nom de Riou-Caou, car un ruisseau naît des sources chaudes qui coulent autour de l'église, laquelle est dédiée à saint Pierre, d'où la dénomination de San Pey de Riou-Caou dans les actes antérieurs au XVe siècle.

L'appellation Barbotan n'apparaît qu'avec la famille de ce nom.

De cette époque il ne reste plus que les vestiges d'un ancien château : le fût d'une tour couverte de lierre. Les récits populaires en ont fait la « tour du crime », sous prétexte qu'un seigneur de Barbotan se serait rendu coupable d'un meurtre, à la suite duquel son château aurait été démoli. La tour fut conservée comme témoin de son crime.

Selon l'histoire locale, en 1648 se trouvait aux bains de Barbotan un jeune homme de vingt et un ans, gentilhomme d'une famille fort honorable de Bretagne; c'était Julien de Lorgeril dont le père était procureur du roi au parlement de Rennes. Il fut tué par Jean Hector de Barbotan, seigneur de La Balle. Pourquoi ? Rivalité d'amour, contravention de chasse ? Le mystère plane sur cette affaire.

Sur la plainte du père de la victime, le parlement de Toulouse condamna à mort le meurtrier — qui avait pris la fuite, ordonna de démolir le château de La Balle, de couper à ras de terre tous les bois de hautes futaies et confisqua une partie des biens.

La douceur du climat, la beauté du paysage, l'abondance des eaux, les thérapies de boues végéto-minérales et la situation cosmo-tellurique privilégiée font du

Riou-Caou-Barbotan un agréable lieu de ressourcement pour les personnes de l'âge d'or.

A l'établissement thermal, deux types de thérapies sont appliqués : les applications de boues végéto-minérales ; et l'hydrothérapie : douches, bains de vapeur, gargarismes, pulvérisations.

Les boues se forment lentement sous l'action de la poussée générale et continue des eaux ; c'est une sorte de limon tourbeux, doux et ondulant que charrient constamment les sources minérales. Elles se renouvellent sur place et sont naturelles, c'est-à-dire qu'elles s'emploient telles quelles, sans subir aucun travail préparatoire ni transformation ou adjonction d'un autre produit.

Ces boues possèdent une énergie étonnante qui atteint les 24 unités positives. Elles agissent par trois facteurs :

— leurs vertus végéto-minérales ;

— leur potentiel énergétique ;

— leur faculté de négativation, c'est-à-dire la possibilité de décharger l'organisme de son excès de charges électriques positives dû aux déperditions électriques, aux courants vagabonds, aux vêtements synthétiques [1] et aux ions positifs de l'air vicié de nos villes. Cette surcharge d'électricité positive est souvent source de troubles circulatoires qui engendrent des problèmes plus graves.

Les bains de boues sont pris dans des bassins bâtis sur pilotis, sans fond, sur l'emplacement même des boues. Ils sont au nombre de 12.

---

1. Voir *Habitat et Santé, Dis-moi où tu habites, je te dirai comment tu vas,* Cosmitel.

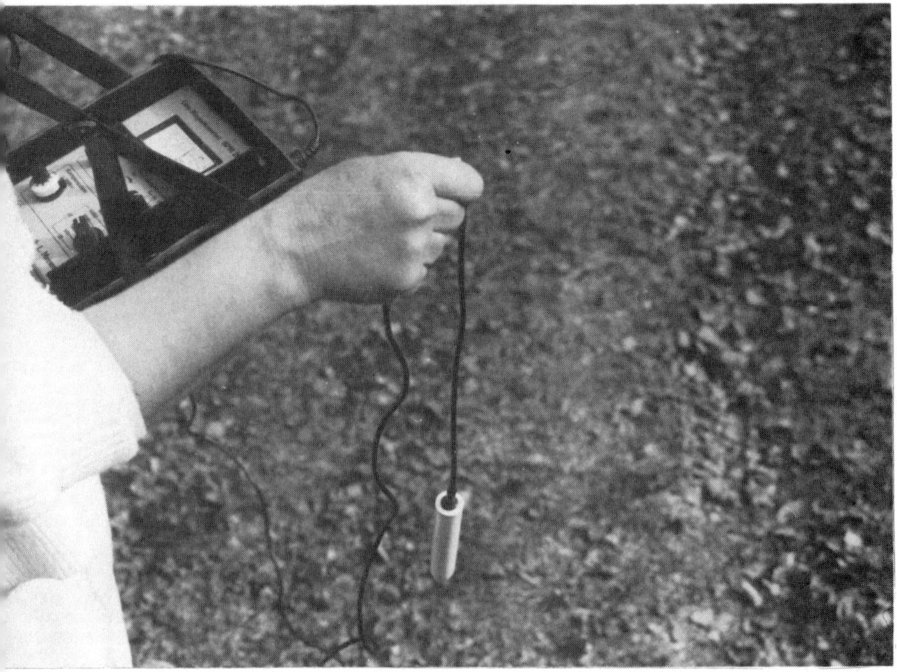

Mesure du champ magnétique terreste géomagnétomètre.

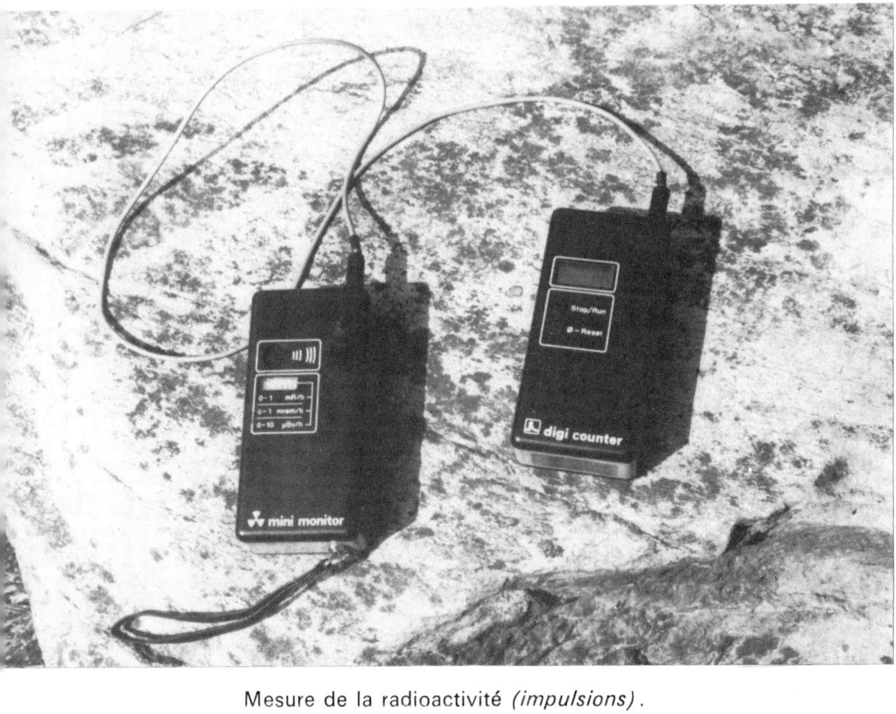

Mesure de la radioactivité *(impulsions)*.

Vierge Noire du Massif Central.

Les Pierres Jaumâtres du mont Barlot *(Berry)*.

Les Pénitents des Mées *(Provence-Alpes)*.

La chartreuse de la Verne *(Côte d'Azur)*.

La Pierre Folle de Montguyon *(Aquitaine, Poitou-Charentes)*.

Le Grand Menhir du Manio *(Carnac, Bretagne)*.

Roc de Toullaëron *(Montagnes Noires, Bretagne).*

Entrée de la grotte d'Arthus *(forêt d'Huelgoat, Bretagne).*

La Pierre Tremblante *(forêt d'Huelgoat, Bretagne).*

Menhir du Paly *(forêt de Fontainebleau, Ile de France).*

Domrémy : la fontaine de la Pucelle *(Lorraine)*.

Grand-Granus : vestiges de l'amphithéâtre *(Lorraine)*.

Les photos de ce cahier relèvent de la collection de l'auteur.

Un courant d'eau minérale à 38 °C traverse continuellement les boues et y entretient une chaleur constante.

Les malades s'y enfoncent aisément et semblent y éprouver le même bien-être que s'ils évoluaient sur du duvet : c'est la conséquence des propriétés sédatives de ces bains.

L'établissement thermal abritant les bains et les douches est également bâti sur pilotis.

A l'aide d'un bélier mû par la vapeur, plus de 500 pins ont été enfoncés à 7 ou 8 mètres de profondeur.

D'importants travaux de forage de puits artésiens ont été effectués à Barbotan pour assurer un maximum de fonctionnalité et de bien-être aux curistes.

A la fin du XIXe siècle, bien que les sources fussent captées, elles émergeaient çà et là, en filets plus ou moins considérables, détrempaient le sol et en faisaient une espèce de marais. Leur débit ne dépassait guère plus de 300 000 litres par jour. Aussi, pour répondre à des besoins plus grands, la nouvelle société des thermes fit pratiquer des sondages en 1889.

Les travaux de forage non seulement multiplièrent le débit des sources, mais firent en outre apparaître de nouvelles richesses.

Sur le plan cosmo-tellurique, il est intéressant de savoir que le premier bassin de boues, à droite en rentrant, est situé sur un banc de sable blanc et pur de cristal de roche qui contient une grande variété de quartz de toutes les couleurs. Sous d'autres bassins fut découvert du minerai de cobalt.

Le débit total des sources s'élève à 2 millions de litres par jour. Légèrement sulfurées, les eaux de Barbotan exercent une action particulière sur le système lymphatique et cutané. Elles conviennent aux maladies de la peau — dartres, psoriasis..., à la scrofule, aux rhumatismes et aux maladies articulaires. Elles agissent également efficacement contre les maladies des voies respiratoires.

Grâce à la faible proportion d'hydrogène sulfuré et à la présence de sels ferreux, elles sont un « remontant général » appréciable.

Par leur alcalinité, ces eaux sont aussi d'une grande efficacité contre les aigreurs des premières voies, les engorgements des viscères abdominaux, etc.

Elles modifient les tissus organiques par une excitation interstitielle des fonctions assimilatrices.

Le chlorure sodique et le muriate de soude contenus dans les eaux sont salutaires pour les rhumatismes.

L'existence, dans le limon des boues, d'un principe bitumineux, dont l'odeur particulière « embaume » les cabinets des bains, vient ajouter encore à la valeur déjà considérable de cette station ses propriétés toniques et sédatives, et fortifie en même temps les parties affaiblies de l'organisme.

Le géodynamètre mesure en ce haut lieu thérapeutique jusqu'à 24 unités positives, et le radioactivité-mètre n'accuse pas plus de 50 à 60 impulsions par minute.

Connu depuis la plus haute Antiquité, ce lieu n'a plus d'autres vestiges qu'une église du XIIe siècle, dont le clocher-porche était une porte fortifiée des anciens remparts.

Les travaux de forage de puits artésiens ont permis de découvrir de nombreuses traces des Romains, mais l'on n'a pas pu fixer la date de leur installation.

Ce sont les soldats de Grassus qui rencontrèrent les

premiers les eaux minérales de Barbotan, en allant combattre les Tarusates. Néanmoins, aucun vestige de thermes romains ne subsiste.

Le bain, jadis hygiénique et thérapeutique, devint plus tard une occasion de débauche qui fit jeter aux premiers chrétiens le discrédit sur les thermes.

Mais quand l'abus fut réformé, et que les vertus curatives des eaux minérales devinrent de plus en plus manifestes, des églises ou des oratoires se fondèrent auprès de ces mêmes sources. Elles devinrent même, sous les auspices d'un saint ou d'une sainte, des centres de pèlerinage.

C'est ce qui se produisit pour Barbotan, où dès le Moyen Age, San Pey de Riou-Caou attira d'innombrables pèlerins.

Bains et boues, de même que l'église, sont placés dans un bas-fond, de forme elliptique, dont l'axe principal est dans le sens est-ouest, interrompu, du côté sud, par une gorge étroite et sombre qui déverse ses eaux vers Cazaubon.

L'église est bâtie sur pilotis à cause de la mobilité du sol. A l'est se trouve le marais, composé d'une tourbe noirâtre où la moindre dépression s'emplit d'eau à l'instant, tant est forte la poussée intérieure de ces sources à la surface du sol.

Salut à toi, cirque de Barbotan !
Qui n'a chanté tes eaux, ton beau paysage,
On y vient ici malade, on s'y soulage,
On s'en revient guéri, reconnaissant [1].

---

1. Louis Chabrier d'Agen, *Buissons du pont Sainte-Marie.*

Le triangle magique des Trois Pierres folles [1]

C'est dans un mystérieux triangle tellurique que se cache le triangle magique des Trois Pierres folles.

Le premier de ces triangles est formé par trois châteaux :

— au sud, le château du Bouilh, dans lequel se cacha la comtesse de Berry. Ce château, de style Louis XVI, fut conçu par l'architecte Victor Louis en 1787, après la construction du Grand Théâtre de Bordeaux ;

— au nord, le château de Jonzac, au pied duquel s'enfuit la Seugne, coupée de cascatelles et encadrée de charmants jardinets. Château du XVe siècle, qui garde à l'ouest son front majestueux et son puissant châtelet ;

— à l'est, le château de Chalais, qui appartenait aux Talleyrand-Périgord, princes de Chalais. Ce château des XVIe et XVIIe siècles abrita un conspirateur notoire, Henri de Chalais, qui fut décapité sur ordre de Richelieu. La chronique rapporte qu'il ne fallut pas moins de trente coups de hache pour que sa tête tombât.

C'est dans cet espace vibratoire que le pèlerin chercheur découvrira l'un des plus secrets hauts lieux vibratoires de l'Hexagone, le fameux triangle sacré des Trois Pierres folles.

Cette figure de géométrie sacrée est « alimentée » par le courant tellurique qui relie les Pyrénées aux Deux-Sèvres.

---

1. Les précisions concernant Barbotan sont extraites de l'*Histoire locale et régionale de Barbotan-les-Thermes et de Cazaubon,* de l'abbé Escarnot.

Le triangle sacré des "Trois Pierres Folles"

Extrait du guide "Découvrez Montguyon", édité par Photo Sud-Décor

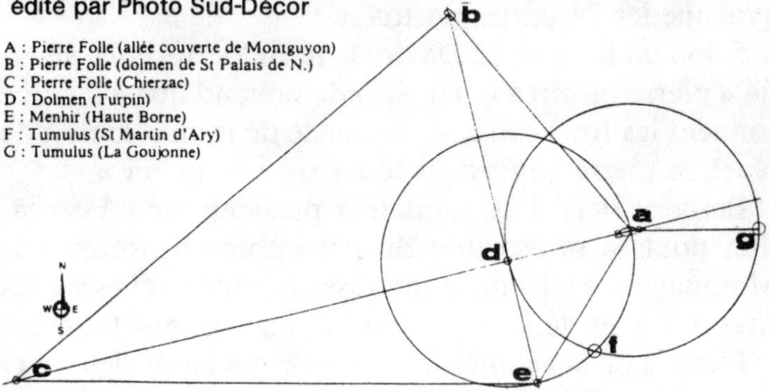

Le premier point fort de ce second triangle se situe sur un coteau, à proximité du bourg de Montguyon, à l'ouest de Chalais : c'est le dolmen de Pierre-Folle.

Majestueuse par sa taille, cette allée couverte mesure 8 mètres de longueur sur 3 de largeur et 4 de hauteur, à l'endroit le plus élevé.

Cet ensemble est formé de 13 pierres : 4 supports droit, 4 supports gauche, 1 pierre au fond, 3 dalles, dont la petite située à l'avant est tombée. Le poids de l'ensemble est estimé à 30 tonnes.

Au lieu magique au milieu des vignes, le dolmen de Pierre-Folle est en relation avec plusieurs mégalithes dans un rayon de 10 kilomètres.

L'orientation de l'allée est extrêmement précise, car le 24 juin le soleil frappe verticalement la pierre qui forme le fond du caveau, si bien qu'aucun rayon de soleil ne pénètre plus à l'intérieur du dolmen.

La radioactivité de ce haut lieu magique ne dépasse pas 60 impulsions par minute, alors que l'onde de vie avoisine les 24 unités positives.

Selon un livre de L. David, le nom Pierre-Folle signifie « pierre inspirée ». La légende prétend que « lorsque sonnent les trois coups de la messe de minuit la nuit de Noël, la pierre ferait trois tours sur elle-même ».

Bernard Bordelais, fondateur président de l'Association pour la sauvegarde du patrimoine historique de Montguyon, a effectué d'intéressantes recherches sur les sites antiques de la région, qui rejoignent nos travaux.

L'étude de la géométrie sacrée de ces hauts lieux met en évidence des tracés surprenants.

L'allée couverte de Pierre-Folle à Montguyon (A) détermine un axe. Cette ligne virtuelle passe à Turpin (D), à une distance de 2 170 mètres. Si en ce point D nous traçons une ligne perpendiculaire nous constatons, au nord, la présence du dolmen de Pierre-Folle, à Saint-Palais-de-Négrignac (B), à une distance de 4 340 mètres.

Au sud, à 2 170 mètres, à Haute-Borne (E), était jadis érigé un menhir.

A l'ouest du point D, sur le premier axe, se situe la Pierre-Folle de Chierzac à 8 680 mètres (C).

Deux cercles centrés en A et D, d'un rayon de 2 170 mètres, se coupent à l'emplacement du tumulus (F) de Saint-Martin-d'Ary.

A partir de A, une parallèle à CE implique la position du tumulus de la Goujonne (G).

Il est très rare, après plusieurs millénaires, d'avoir le

privilège d'être en présence de ce type de géométrie sacrée encore en activité.

C'est le dolmen de Saint-Palais-de-Négrignac, au nord du triangle, qui possède le potentiel énergétique le plus élevé. En effet, la mesure au géodynamètre atteint 28 unités positives au solstice d'été.

Les buttes sacrées de la vallée du Thouet

Le détroit du Poitou, entre le Massif central et le Massif armoricain, abrite une petite vallée où le ciel et la Terre se rejoignent pour créer plusieurs hauts lieux sacrés.

En cette région des Deux-Sèvres, entre Airvault et Thouars, plusieurs buttes, jadis hauts lieux cultuels, ont gardé intact leur potentiel d'énergie cosmo-tellurique.

Les Deux-Sèvres regorgent de monuments mégalithiques, d'anciennes sources guérisseuses, de sources et de rivières sacrées, de roches magiques, d'arbres sacrés.

Les saints et les saintes guérisseurs, les monuments religieux confirment la vocation sacrée de cette étonnante région.

La mythologie y est très présente comme l'a admirablement mis en évidence Guy Pillard [1].

Naguère, cette contrée de France devait être généreusement alimentée par les énergies cosmo-telluriques. Aujourd'hui, la région la plus favorisée se situe au nord-ouest de Poitiers. Elle est aussi connue sous l'appellation « Val d'Or ».

---

1. *Mythologie des Deux-Sèvres.*

Les nombreuses stations préhistoriques qui y ont été découvertes attestent la présence de l'homme depuis la nuit des temps.

Au début du Xe siècle, une source irriguait toute la vallée en se dirigeant vers Thouet. Elle existe toujours, sous la place Saint-Pierre à Airvault.

L'expression celtique *Arx Vallis* (Airvault) peut se traduire par « citadelle de la vallée », ou « autel de la vallée », qui rappellerait qu'un autel fut consacré à un ancien dieu gaulois.

Enfin, cette petite vallée fut peut-être jadis la cité des chercheurs d'or ; une tradition maintient en effet que de nombreux orpailleurs (ouvriers cherchant des paillettes d'or dans le lit des rivières) travaillèrent sur les rives du Thouet. Cette tradition justifierait l'appellation « Val d'Or ».

Le premier haut lieu à découvrir est la butte de Saint-Jouin-de-Marnes, où l'abbaye remplaça un sanctuaire antérieur très vénéré.

Sur la façade de l'église, une étonnante sculpture symbolique témoigne de la vocation cosmo-tellurique du lieu : une femme aux serpents, nue, souriante, avec un serpent enroulé autour de chacune de ses jambes, accueille le pèlerin chercheur ; les deux serpents lui tètent les seins.

Dans la tradition celtique, la femme représentait la terre féconde, la terre-mère. Symboliquement, le serpent chtonien se nourrissait de sa substance.

Promesse de l'abondance, de la résurrection et de l'immortalité, la mère inépuisable procurait la vie éternelle.

A Saint-Jouin-de-Marnes, nous sommes en présence

La femme aux serpents
(Église de Saint-Jouin-de Marnes).

du serpent-vouivre-tellurisme, lié alchimiquement à la mère-amour-spiritualité.

Le petit bourg est situé sur une éminence au sommet de laquelle saint Jouin fonda une abbatiale au IVe siècle.

Ce n'est pas par hasard qu'un certain Jouinus se retira ici pour y fixer son ermitage et mener une vie cénobitique. Il créa un monastère à l'emplacement d'un oratoire qui portait le nom d'Ension. A cet endroit existait jadis un oppidum, centre fortifié et centre religieux.

La tradition prétend que saint Jouin combattait comme saint Michel, dans les marais de la Dive, un dragon.

L'abbaye de Saint-Jouin-de-Marnes est une des premières établies en Poitou. Elle a été bâtie au carrefour des tracés de deux voies romaines : celle de Poitiers à Nantes et celle de Rome à Angers.

L'abbatiale actuelle fut construite entre 1095 et 1130. Elle est consacrée à Notre-Dame. La fête de la Nativité de la Vierge, le 8 septembre, fut pendant de longs siècles la date d'un important pèlerinage à Saint-Jouin.

L'église comporte une crypte qui est aujourd'hui inaccessible. Elle renfermait un puits dont les eaux furent longtemps considérées comme sacrées et guérisseuses.

Airvault, déjà cité, possède une splendide église abbatiale romane — des XIe, XIIe et XIIIe siècles — dont l'intérieur est remarquable.

Niché au creux d'un vallon, Airvault est situé à la jonction de la Gâtine granitique et du pays calcaire de Mirebeau, ce qui confère à cette petite cité ancienne ses étonnantes particularités vibratoires.

C'est sur la zone tellurique la plus puissante que subsistent quelques bâtiments de cette abbaye d'augustins et l'église Saint-Pierre.

La pierre calcaire de l'abbatiale apporte une énergie douce et réharmonisante dont les vibrations interfèrent avec le tellurisme, qui atteint 22 unités positives.

Jadis, à Airvault, on conduisait les enfants débiles à saint Fort pour obtenir leur guérison. Saint Fort semble être le successeur de Gargantua.

Le petit village de Saint-Généroux, plus au nord, est célèbre pour son pont très ancien, du XIIe siècle, situé près de l'église. C'est ici qu'un moine de Saint-Jouin se retira dans les solitudes des bords du Thouet pour y fonder un ermitage, qui donna le petit village de Saint-Généroux, lequel porte son nom.

L'église de Saint-Généroux aurait, selon la tradition, remplacé un temple païen. C'est une des plus vieilles églises des Deux-Sèvres. Certaines de ses parties datent du XIe siècle.

Saint-Généroux porte curieusement un nom très proche de « généreux » et de « géniteur », qui pourraient rappeler une divinité de la Fécondité.

La butte sacrée de Montcoué, près de Taizé, à quelques kilomètres au nord, est le haut lieu le plus puissant de la région. Aux environs de la butte, dans la plaine, on compte sept dolmens ; on accède facilement, au nord-est de la butte de Montcoué, aux trois se situant au lieu-dit « Les chironails ».

Le dolmen de la Pierre levée de Masanzais, formé de deux pierres soutenues par sept piliers, est le plus important et le plus actif.

La région de Taizé a sans aucun doute été occupée à

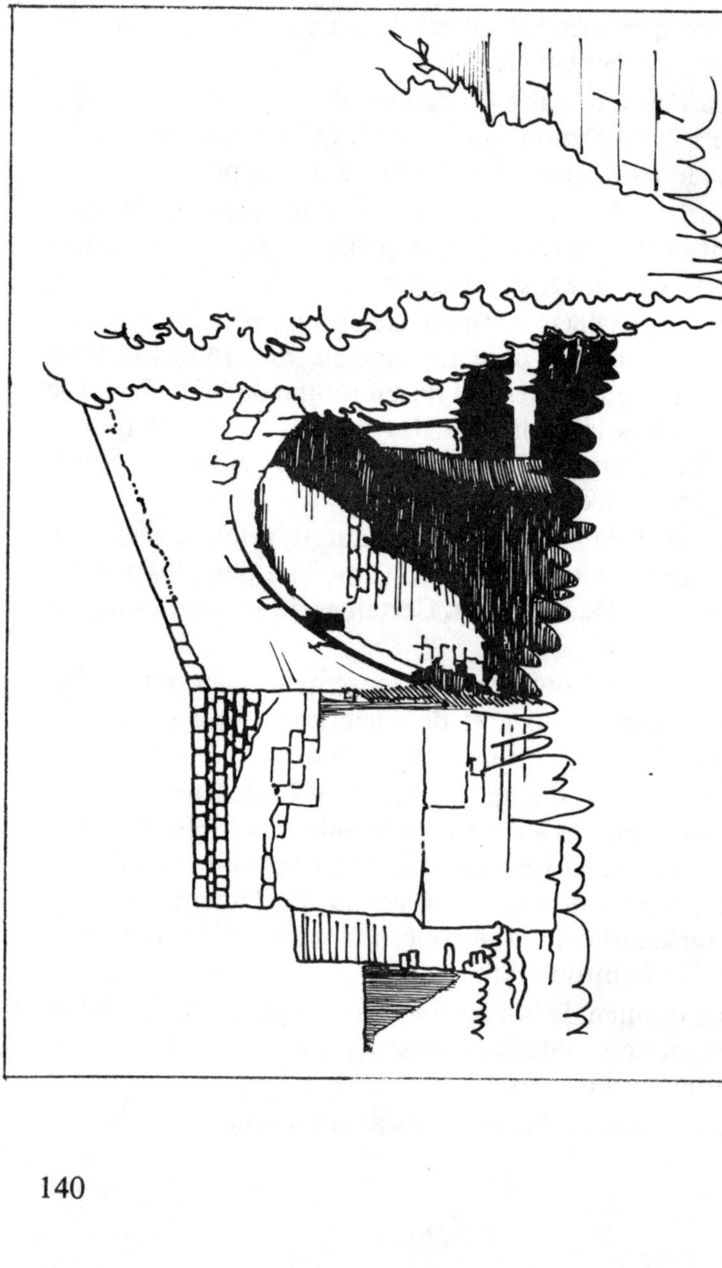

Le pont de Saint-Généroux (Poitou)

l'époque néolithique par un peuple conscient de la particularité sacrée du site.

Au pied de la butte de Montcoué, l'on pouvait jadis se laver la tête dans l'eau d'une petite fontaine pour chasser les maux de tête et guérir de la teigne.

La butte de Montcoué est une dépatture de Gargantua. Le géant affamé et mourant de soif, en passant par le gué de Ligaire, avala tout un attelage : les six bœufs, le paysan et une charrette chargée de ronces.

Rassasié, Gargantua sombra dans un profond sommeil. A son réveil, avant de reprendre sa route, il nettoya ses sabots. La terre et les cailloux qu'il secoua d'un sabot produisirent la butte de Montcoué, qui domine le gué. Il vida son second sabot à Tourtenay et donna naissance à une autre butte sacrée, où nous retrouvons plus tard saint Fort.

« De Montcoué à Tourtenay, Gargantua suivait une voie très ancienne, mais orientée nord-sud, à peu près parallèle à la voie romaine Saint-Jouin-Angers, et, en partie au moins, à la vallée de la Dive au nord.

« En continuant son chemin, le géant gagna le Maine-et-Loire (donc, il infléchit sa marche vers l'Occident). Il atteignit les coteaux bordant la Loire et, là — mais la légende ne précise pas où —, il avala un moulin à vent.

« La grande aile du moulin continua à virer dans son ventre, lui touilla les tripes, disent les bonnes gens, et c'est ce qui causa sa mort [1]. »

Le modeste village d'Oiron possède, lui aussi, un trésor cosmo-tellurique.

1. Guy Pillard, *op. cit.*

Les sourds venaient y implorer saint Sourdeaux, qui débarrassait de la surdité.

Dans l'église Saint-Maurice, le pèlerin chercheur sera probablement intrigué par un crocodile empaillé accroché à la muraille au-dessus d'un confessionnal.

Les origines de ce crocodile sont nébuleuses et probablement très anciennes. Aujourd'hui encore, des fidèles viennent râper la mâchoire du reptile. Ils affirment qu'avec la poussière obtenue ils préparent, selon une mystérieuse recette, une potion magique pour « couper les fièvres ». Ce fébrifuge insolite mériterait d'être examiné plus profondément.

Selon la tradition, le crocodile d'Oiron rappellerait le souvenir de l'ancien dragon de la Dive. Il vivait autrefois dans un profond souterrain non loin de la butte de Montcoué, qu'il ne quittait que pour chercher sa nourriture. On raconte qu'un jour il fut surpris par les gens du pays, qui le tuèrent. D'autres affirment que sa mort fut l'œuvre d'un chevalier qui, en récompense, obtint la main de la fille du seigneur d'Oiron. Peut-être sommes-nous en présence du dragon que combattait saint Jouin ?

Sur une miséricorde des stalles de l'église Saint-Maurice figure une petite sirène sculptée qui passe pour être une représentation de Mélusine.

La butte de Tourtenay, au nord-est de Thouars, où Gargantua passa, autre haut lieu sacré, est liée à saint Fort. Dans l'église, celle d'un ancien prieuré bénédictin, le saint a un tombeau qui attirait, les siècles passés, beaucoup de visiteurs.

Le secours du saint était imploré pour la santé des hommes et des animaux domestiques, selon un rite très précis. Les malades faisaient le tour du tombeau, baisaient ensuite la pierre, puis touchaient la crosse du saint.

Une légende est liée à saint Fort : le saint homme serait mort lors de son passage au prieuré de Tourtenay. Prévenus du décès, les moines de son abbaye vinrent pour chercher le corps. Ils le chargèrent sur une charrette attelée de deux bœufs et voulurent regagner leur abbaye. Au bout d'une lieue, les bœufs s'arrêtèrent et refusèrent d'aller plus loin. Les moines durent les dételer et les remplacèrent par d'autres bêtes. Celles-ci non plus ne bougèrent pas. Intrigués, les moines firent un nouvel essai avec un nouvel attelage. Rien n'y fit. Alors ils décidèrent de laisser aller les bœufs à leur guise. Ceux-ci ne se firent pas prier, effectuèrent un demi-tour et revinrent à l'église de Tourtenay. Saint Fort y fut donc inhumé, devant l'autel.

Une cité troglodyte renforce le mystère de Tourtenay.

LA BRETAGNE DES DRUIDES

Un ouvrage tout entier mériterait d'être consacré aux lieux magiques et sacrés de l'ancienne Armorique. Le nom d'*Armor,* qui signifie « pays voisin de la mer », fut donné à cette région côtière par les Gaulois, alors que l'intérieur du pays était l'*Argoat.*

La Bretagne, pays de légendes et de mystères, a su garder précieusement intacts la plupart de ses hauts lieux cosmo-telluriques.

Ceux-ci sont concentrés en quatre zones bien distinctes :

— la région de Carnac ;
— les Montagnes Noires ;
— les monts d'Arrée ;
— la forêt de Paimpont (Brocéliande).

Ces hauts lieux doivent être abordés avec beaucoup de prudence et de discernement, car certains points sont très puissants, favorablement ou... défavorablement. En effet, il existe parfois de surprenantes et violentes inversions de phases et de polarité à quelques mètres d'espace.

La découverte de la Bretagne par le cosmo-tellurisme

permet un contact plus profond et plus réaliste avec les mythes et les légendes.

Origines

De l'eau qui recouvrait l'Hexagone, le glissement hercynien a fait surgir plusieurs hautes montagnes :

- le Massif central ;
- le Morvan ;
- les Vosges ;
- le Massif armoricain.

Si l'on observe une carte géographique, on constate que ces massifs forment une figure géométrique : un triangle dont la pointe est, au sud, le Massif central.

De ce point central s'échappent deux puissants courants telluriques : l'un vers les Vosges, en suivant la faille qui remonte vers les pays nordiques ; l'autre vers la pointe ouest de la Bretagne.

Pendant l'ère secondaire, les sommets armoricains ont été mis à rude épreuve par l'érosion. Aplani par le vent, les pluies et les intempéries, le plus haut sommet du Massif armoricain n'atteint que 384 mètres.

Occupée depuis l'aube des temps (mont Dol à l'époque de la pierre taillée, Hœdic au mésolithique), la Bretagne est surtout marquée par la construction de tertres tumulaires, de dolmens, de tumulus datant du néolithique (cinq mille ans av. J.-C.), comme le cairn de Barnenez (tumulus de pierres sèches).

Les menhirs semblent avoir été érigés entre 5 000 et 6 000 av. J.-C., bien que certains historiens situent leur érection vingt mille ans av. J.-C.

Profondément imprégnée par la civilisation celtique, l'ancienne *Oestrymnis* [1] envahie par les Celtes à l'âge du fer, découverte par le voyageur carthaginois Himilcon, a une histoire très mouvementée, du massacre des Vénètes par les Romains à Anne de Bretagne.

Bretagne, terre sacrée

La chronique rapporte de nombreuses anecdotes relatant des guérisons spectaculaires obtenues au contact de pierres-thérapeutes :

— à Batz-sur-Mer, dans la Loire-Atlantique, à une centaine de kilomètres à l'ouest de Nantes, la Croix des douleurs possédait des propriétés merveilleuses. Les rhumatisants de la région se soignaient autrefois en se frottant le membre souffrant contre la pierre magique. Cette croix fut jadis taillée dans un menhir ;

— à une dizaine de kilomètres au sud-ouest de Quimperlé, les gens du pays désireux d'avoir des enfants venaient déambuler dans une allée couverte près de quelques alignements en prononçant de mystérieuses incantations. Peut-être une amplification vibratoire des énergies cosmo-telluriques du lieu par les sons ?

— certaines roches ou pierres à cavités naturelles, appelées « pierres à cupules », comme la roche de Saint-Eden, possèdent la particularité de transformer l'eau de pluie en eau curative. Cette propriété est probablement due à la magnétisation naturelle de l'eau ;

— près de Vannes, en allant vers Auray, une table de

1. Terme préceltique.

pierre (dolmen) passe pour guérir les rhumatismes ;

— le menhir de Saint-Cado, près de Ploermel, était connu des femmes stériles. Elles venaient en certaines périodes de l'année s'y frotter le ventre. Selon les dires des villageois, la thérapie semble efficace, puisque plusieurs de ces femmes eurent des enfants ;

— la Pierre blanche de Combourg, à une quarantaine de kilomètres au nord de Rennes, aurait, selon les anciens, la faculté d'arrêter les inondations ;

— les sources sacrées aux natures multiples sont partout présentes, et si ces eaux sont salutaires pour les hommes, le bétail, lui aussi, était souvent amené aux sources jaillissant près des sanctuaires dédiés aux patrons des bovins : Cornélé, Herbot, Nicodème, ou des chevaux : Éloi, Hermé.

Dans de nombreuses régions de Bretagne la tradition veut que les menhirs soient doués de mouvement. Les uns soutiennent qu'ils se déplacent pour aller boire ; les autres, qu'ils s'enfoncent progressivement dans le sol. Mais la plupart affirment qu'ils possèdent des vertus guérisseuses.

Le sacré et le magique se côtoient harmonieusement dans ce pays de mystères. Pour notre étude, nous avons choisi de nous arrêter particulièrement aux sites où l'énergie est encore puissamment en activité, et où les mesures scientifiques confirment les perceptions sensitives et intuitives.

La région de Carnac

Au nord de Carnac, ancienne capitale préhistorique, les monuments mégalithiques les plus célèbres du monde qui attirent et fascinent les visiteurs de toute la planète font partie des vestiges cosmo-telluriques les plus fantastiques de France. Des milliers de mégalithes encore en activité, des dolmens, des tumulus font partie de ce fabuleux patrimoine énergétique.

Nul ne peut rester insensible à ces monuments d'une autre dimension qui se dressent sur cette vieille terre bretonne. Des dizaines de patients fatigués, dévitalisés, dépressifs, à qui nous avons conseillé une « cure de mégalithisme » à Carnac, sont tous revenus avec une amélioration.

Dans le précédent ouvrage [1], nous citons le cas très parlant de cette petite fille chétive et asthmatique qui est revenue d'un séjour de trois semaines épanouie comme une rose et... guérie.

Enfants et adultes, crédules et incrédules, tous perçoivent bien qu'« il se passe quelque chose » à Carnac. Quelque chose qui va bien au-delà de leur capacité analytique et de leur entendement logique.

Même ces hordes de touristes bedonnants déversées dans les alignements par les cars entre deux repas pantagruéliques et qui grimpent irrespectueusement sur ces vestiges sacrés sont émerveillées par ce travail colossal.

1. *Santé et Cosmo-tellurisme,* coll. « Santé naturelle », Dangles.

Rien que de savoir que certaines pierres levées atteignant 350 tonnes ont été érigées il y a cinq ou six mille ans (ou plus), alors que la mise en place de l'obélisque de la place de la Concorde à Paris, en 1836, est considérée comme un exploit, bien qu'il ne pèse que 220 tonnes, laisse bien des rationalistes songeurs.

Les êtres qui sont « initiés », c'est-à-dire qui ont la possibilité d'ouvrir leurs facultés de perception sensitives et intuitives, vivent des expériences fantastiques.

Chaque année, au solstice d'été, nous animons un séminaire avec une vingtaine de personnes. Toutes se découvrent des facultés exceptionnelles :

— une communication plus intense avec la nature ;

— une plus nette perception des énergies subtiles ;

— un éveil spirituel ;

— une lucidité et une capacité de discernement extraordinaires ;

— un amour incommensurable qui jaillit du plus profond de son être ;

— des possibilités créatives inconnues jusqu'alors ;

— un regain d'énergie et de dynamisme inattendu ;

— une purification physique, psychique et spirituelle.

Pour chaque individu l'expérience est différente, et la liste est interminable.

Chaque être réagit selon l'interférence entre les informations stockées dans les particules de ses atomes et les informations propres au lieu. Il se produit alors des effets de résonance, et des phénomènes relatifs aux états ou aux niveaux de conscience se déclenchent selon le taux vibratoire, l'énergie, le degré d'amour universel, l'évolution cosmique de chacun.

Le dolmen des Pierres-Plates de Locmariaquer

Pour aborder les lieux magiques et sacrés de Bretagne, le parcours devrait commencer par un pèlerinage au dolmen des Pierres-Plates de Locmariaquer, à une dizaine de kilomètres à l'est de Carnac.

La presqu'île de Locmariaquer est connue pour son énigmatique menhir brisé, le *Mané er hroeh,* qui était le plus grand du monde, avec ses 20 mètres de hauteur, son diamètre moyen de 5 mètres et ses 350 tonnes.

C'est à côté que s'élève la célèbre Table des Marchands, dolmen à couloir dont la construction date de la période néolithique, vers 3 000 av. J.-C. Il renferme le curieux « bouclier ogival », une très belle pierre sur laquelle figurent des reliefs en crosse. Le pèlerin chercheur averti constatera la puissante émission énergétique de cette œuvre préhistorique.

Le site du dolmen des Pierre-Plates, qui répond harmonieusement à nos critères des hauts lieux cosmo-telluriques, est situé à quelques kilomètres, face à la mer. On y découvre au large une belle vue sur la pointe de Port-Navalo et la pointe du Grand-Mont, l'île de Houat et, en arrière, Belle-Ile et la presqu'île de Rhuis. Le dolmen est signalé par une pierre levée dont on raconte qu'elle veille sur une jeune fille du pays qui y trouva une fin tragique : lors d'une violente marée, surprise et cernée par les vagues, elle lutta courageusement et s'attacha à la pierre par sa longue chevelure. Elle ne put échapper à la noyade et son cadavre fut découvert accroché au

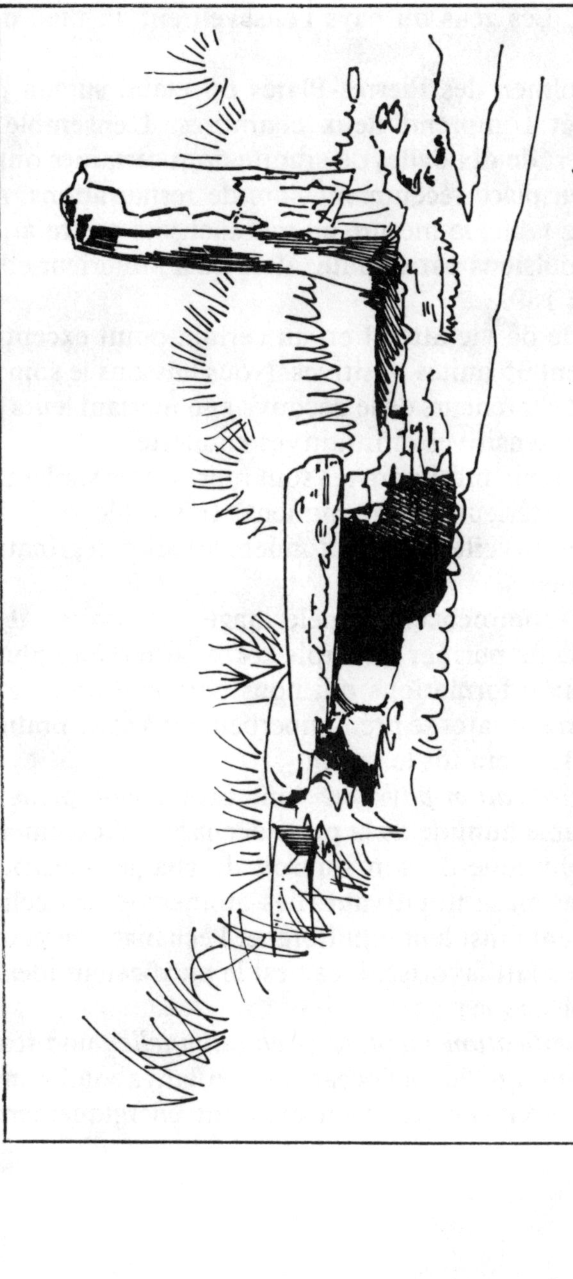

Le dolmen des Pierres-Plates (Carnac).

menhir. Les gens du pays l'ensevelirent au pied de la pierre.

Le dolmen des Pierres-Plates est établi sur un plan coudé et comprend deux chambres. L'ensemble est recouvert de dix dalles de granite dont certaines ont été mises en place récemment, lors de restaurations. A la dernière table, la mesure au radioactivité-mètre atteint 240 impulsions par minute, alors qu'à l'intérieur elle se limite à 180.

L'onde de vie atteint en un certain point exceptionnellement 35 unités positives. Nous laissons le soin aux pèlerins chercheurs de le découvrir en mettant leurs perceptions sensitives et intuitives en alerte.

De curieux motifs gravés sont représentés sur les pierres à l'intérieur du monument. Il semble que deux « yeux » surveillent avec étonnement les pérégrinations des visiteurs.

Pour commencer le pèlerinage vibratoire, il est conseillé de purifier nos trois corps, afin d'être plus en éveil aux informations qui nous parviendront. Le site des Pierres-Plates se prête superbement à cette pratique, qui s'effectuera tôt le matin.

— *purification physique :* une promenade pieds nus sur le sable humide de la plage décharge efficacement le corps physique de son surcroît de charges électriques positives en le négativant. Les atomes de nos cellules retrouvent ainsi leur équilibre, et l'échange énergétique est par ce fait favorisé. L'eau est le purificateur idéal du corps physique ;

— *purification mentale et émotionnelle :* une séance de respiration, face à l'océan, en gonflant abondamment poumons et ventre, et en expirant énergiquement et bruyamment, dans un premier temps, puis lentement et profondément, dans un second temps. L'air marin, riche en ions négatifs et fortement iodé, purifie le sang et oxygène le cerveau. Une ample respiration, profonde et rythmée [1], purifie le mental et l'émotionnel. La cage thoracique (partie rythmique du cœur et des poumons) est le siège de nos émotions et le trait d'union, harmonisateur et régulateur, entre le physique (instinctif, végétatif) et le mental (conscience, spirituel) ;

— *purification spirituelle :* elle est liée à la maîtrise respiratoire. Elle ne sera abordée qu'à ce stade. Chaque être a son « petit jardin secret » pour cette purification, et c'est à chacun de découvrir sa méthode. Le plus simple est, après les deux purifications précédentes, du physique et du mental, de s'installer assis face à la mer, la colonne vertébrale bien verticale, pour être le trait d'union entre le ciel et la Terre. En portant son attention sur le va-et-vient des vagues, on constatera au bout de quelques minutes que ce rythme se communique au plus profond de notre être, et un bien-être immense nous envahit.

A ce stade, il suffit de se laisser pénétrer par des pensées d'amour et de lumière, et ne pas s'arrêter aux pensées négatives qui peuvent nous assaillir.

Une fois la « communication » établie avec les forces cosmiques et telluriques, on pourra envoyer des pensées de paix, d'amour et d'harmonie à l'océan, à la nature, à la Terre, au cosmos, aux hommes, à ceux qui souffrent...

Si l'on se sent prêt à élever son taux vibratoire, on

---

1. Voir *Santé et Cosmo-tellurisme,* op. cit.

pourra alors regagner le dolmen des Pierres-Plates et s'installer dans la chambre du fond pour approfondir cet état de conscience et accéder à des états supérieurs.

Que cet état de sublimation dure quelques minutes ou quelques heures, cela n'a aucune importance. Le temps n'existe pas dans une démarche spirituelle de croissance intérieure.

Le Géant du Manio

Si les alignements de Kermario, du Ménec ou de Kerlescan sont d'intéressants émetteurs d'énergie, et si une promenade dans leurs allées est salutaire, c'est un menhir isolé, à l'abri des intrus et des curieux, qui est le plus représentatif du cosmo-tellurisme de Carnac.

Connu seulement des pèlerins chercheurs, le menhir du Manio se découvre dans la forêt entre les pierres levées de Kerlescan et celles de Kermario. On ne peut y accéder qu'à pied.

Au milieu des sous-bois, le Géant du Manio se dresse à l'intérieur d'une enceinte rectangulaire formée de petits menhirs : le quadrilatère.

Du haut de ses 5,80 mètres, il surplombe une zone où l'énergie globale atteint 20 unités positives.

La radioactivité de 140 pulsations par minute en fait un intéressant lieu de revitalisation.

Le granite du menhir atteint 200 impulsions par minute. Il est conseillé d'effectuer des séances de recharge de préférence à midi, heure solaire, debout face au soleil, la colonne vertébrale bien droite et « bien ancrée [1] », à quelques centimètres du menhir, sans le toucher.

Dans cette position, et dans l'axe nord-sud, face au soleil, l'énergie atteint, au solstice d'été, 35 unités positives.

Ce haut lieu est fortement spiritualisé, et au-delà de sa capacité de revitalisation, il favorise l'évolution spirituelle des êtres qui sont prêts à accéder à un niveau de conscience supérieur.

Haut lieu sacré par excellence, le Géant du Manio est un véritable trait d'union entre l'homme et la lumière.

Saint-Michel-de-Kergonan

A Plouharnel, en direction de Lorient, l'abbaye de Saint-Michel-de-Kergonan est une autre étape cosmo-tellurique. Elle abrite des moniales bénédictines. Elle est située sur un croisement de courants telluriques qui confère à cette abbaye une onde de vie très favorable.

Elle a été fondée en 1898 par l'abbaye Sainte-Cécile de Solesmes et construite à l'aide du granite extrait d'une carrière située dans l'enceinte même de la propriété.

La vue sur l'océan, le granite, la bruyère, les ajoncs et les genêts donnent au monastère son pittoresque caractère breton.

Haut lieu de prières et de silence, cette abbaye a le privilège de vibrer intensément sous les voix cristallines des bénédictines, quand elles entonnent leurs chants grégoriens.

Les Montagnes Noires

Les Montagnes Noires, jadis probablement recouvertes de sombres et épaisses forêts, forment l'« épine dorsale » de la péninsule, au même titre que les monts d'Arrée.

Ces deux structures véhiculent l'énergie tellurique qui vient du Massif central.

La chaîne des Montagnes Noires est composée principalement de grès dur et de quartzite. Plus petites que les monts d'Arrée, leur crête est plus étroite et leurs flancs sont plus abrupts.

Les courants telluriques se concentrent autour du roc

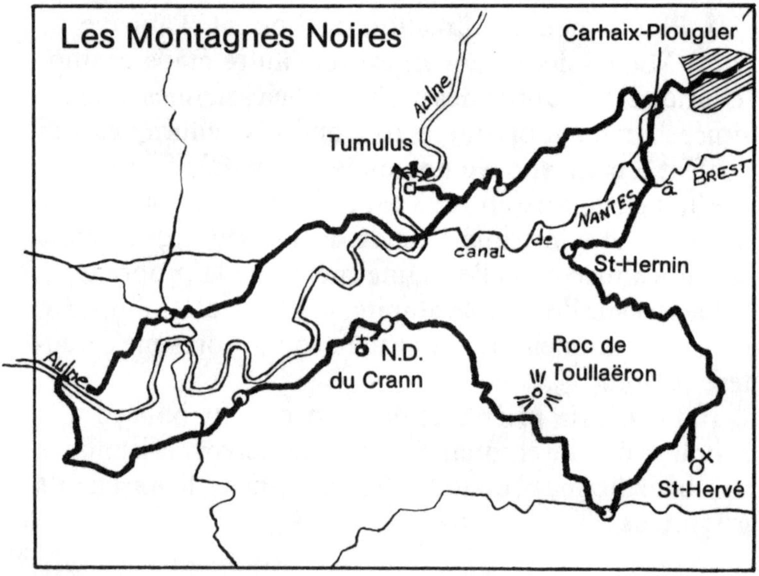

de Toullaëron, point culminant des Montagnes Noires, probablement attirés et focalisés par les impressionnantes roches qui semblent plantées dans le sol telles des aiguilles d'acupuncture.

Les « Grandes Orgues » de Toullaëron

Du haut de ses 326 mètres, le roc de Toullaëron surplombe le bocage et rayonne intensément son énergie bienfaisante.

Les roches du site, caractérisées par des strates verticales, sont de « grandes orgues » exécutant un sublime chef-d'œuvre vibratoire.

On accède à ce haut lieu magique et féerique par un chemin caillouteux serpentant entre les arbustes.

L'onde de vie du lieu dépasse les 20 unités positives, et le radioactivité-mètre enregistre plus de 200 impulsions par minute.

Ce haut lieu insolite est propice à la créativité et au développement des facultés psychiques. La nature sereine y apporte une note de douceur étrange, qui confère au site une atmosphère magique.

D'après les légendes, les Montagnes Noires furent hantées d'un animal, mi-licorne, mi-dragon, qu'on nommait la Santirine et qui n'est pas sans rappeler la vouivre. Elle pouvait, selon son humeur, déchirer un homme à belles dents ou tenir un discours digne d'un docteur en Sorbonne. Les gens la redoutaient, car elle décelait tout ce que l'on voulait cacher, et proclamait bien haut des vérités souvent inavouables [1].

1. Voir B. de Parades, *Légendes de l'Argoat,* Jos.

On raconte qu'une fois, l'étrange bête était dans la forêt de Conveau, quand une chasse à courre se fit entendre. C'était le duc de Bretagne qui en grand équipage chevauchait, poursuivant un sanglier. Parmi les gens de sa suite, deux ravissantes amazones se souriaient.

La Santirine héla le duc au passage, la gueule ouverte et riant de toutes ses dents.

— Pourquoi ris-tu ainsi ? demanda le Prince.

— Je ris parce que la dame d'honneur de votre duchesse est en réalité un damoiseau.

Intrigué, le duc continua sa route, mais arrivé au repos de chasse, il fit saisir la dame d'honneur, manda un chirurgien et une matrone qui lui confirmèrent les dires de la bête.

Sans plus de procès, les deux amants furent pendus au même arbre de la forêt.

Au pied du roc de Toullaëron, sur la route qui relie Gourin à Spézet, les anciens affirment que, la nuit, les maquignons qui traversaient le pays percevaient des choses invisibles aux hommes, ce qui occasionnait des paniques provoquant de tragiques accidents.

Les légendes concernant les Montagnes Noires sont nombreuses et confirment qu'elles font partie de ces lieux « où il se passe quelque chose ».

Le roc de Toullaëron est situé sur un réseau de courants telluriques qui le relie à Saint-Hervé, à l'est, à Saint-Hernin, au nord, et à Notre-Dame-du-Crann au sud.

Tel un soleil, le Roc prodigue des rayons bienfaisants à ces sites.

Les hauts des environs

La chapelle de Saint-Hervé est un charmant petit édifice du XVIe siècle à décor flamboyant. C'est dans ce cadre champêtre que se déroule chaque année, le 25 septembre, à l'équinoxe d'automne, le pardon de la Saint-Hervé. Haut lieu sacré, dont l'onde de vie atteint 25 unités positives, cette chapelle mérite que l'on s'y arrête pour comprendre le mystère des Montagnes Noires.

Notre-Dame-du-Crann, à l'ouest de Spézet, sanctuaire renommé au pays du Poher, est illustre pour ses vitraux du XVIe siècle.

Appelée encore Notre-Dame-du-Bois, parce que *crann* est vraisemblablement un vocable celte désignant la forêt, cette chapelle au nom étrange est située au pied d'une ancienne enceinte fortifiée.

Le matériau des murs gouttereaux est le schiste, en appareil irrégulier, qui fait place au granit dans la façade aux remparts doublement relevés, les gâbles des murs pignons, les contreforts, les fenêtres et les arcatures de la nef. L'édifice est couvert d'une charpente lambrissée à liernes, décorée de poinçons feuillagés.

L'actuelle chapelle est bâtie sur un ancien sanctuaire, comme le prouvent les légères distorsions de l'architecture.

Des très beaux vitraux qui ornent la chapelle émanent des énergies subtiles étonnantes, selon la loi de la chromothérapie. Elles interfèrent avec les énergies cosmotelluriques du lieu et créent un espace hors du temps où l'information spirituelle est très présente.

On remarquera l'illustration se rapportant à la légende de Saint-Éloi, patron des maréchaux-ferrants.

Vêtu en costume Henri II, Éloi ferre un cheval... Après en avoir coupé le pied, il change le fer et raboute simplement le bout. Il agit ainsi après avoir vu un client de passage (un archidruide ou le Christ) en faire autant.

Mais là où la puissance de l'un pouvait réussir par la canalisation des énergies, la forbanterie du second ne put qu'échouer.

L'onde de vie de ce haut lieu sacré, où Bernard du Chastel, époux de Constance de Lyon, croisé en 1248 et réchappé de la peste, bâtit en reconnaissance un modeste oratoire, atteint 20 unités positives.

Saint-Hernin, au nord du roc de Toullaëron, est traversé par un puissant courant d'énergie matérialisé par un très beau calvaire où l'on reconnaît saint Michel terrassant le dragon de sa longue épée.

On raconte que l'on vit un jour arriver au village un misérable moine, piteusement vêtu et affublé d'un grotesque bâton.

Il se rendit chez le puissant seigneur de Kergoat, qui possédait une meute de chiens dont la cruauté défrayait régulièrement les annales.

Le seigneur fut surpris de voir un *Klasker bara* pénétrer au château pour quémander du pain. Les chiens allaient se précipiter sur saint Hernin, quand, d'un geste, celui-ci les apaisa. La meute se prit à lui faire des joies peu communes et le précéda dans la riche demeure.

Le seigneur et les gens du château n'en croyaient pas leurs yeux ni leurs oreilles.

— Qui es-tu donc pour que mes chiens ne t'aient pas dépecé de belle façon ?

— Je suis simplement l'ami du Créateur, des hommes et des bêtes.

— Sois donc accueilli et reste parmi nous. Je te donnerai autant de terres que tu pourras, en un jour, en clôturer par un fossé.

Saint Hernin accepta la proposition et, à l'aube du lendemain, il partit à travers la campagne traînant derrière lui son bâton de mendiant. Telle une charrue, le bâton s'enfonçait dans la terre et, au fur et à mesure de son passage, s'élevait un extraordinaire talus planté d'arbres où aussitôt poussaient des branches chargées de fruits mûrs et savoureux.

Le lecteur aura sans doute remarqué l'étrange analogie entre l'épée de saint Michel et le bâton magique de saint Hernin.

Les monts d'Arrée

Les monts d'Arrée, les « montagnes bretonnes » les plus élevées, sont la deuxième ligne de force qui traverse la Bretagne suivant un axe ouest-est.

Les quartzites dénudés par l'érosion des schistes qui les entouraient sont devenues des crêtes découpées en dents de scie hérissées d'aiguilles.

Sur le versant méridional des monts d'Arrée, la forêt magique de Huelgoat, un des plus beaux sites de la Bretagne intérieure, attend le pèlerin chercheur pour l'envelopper de son charme surnaturel.

La forêt de Huelgoat

Fascinante, cette forêt de 590 hectares, où la magie est au rendez-vous au détour de chaque sentier. Une forêt où l'énergie cosmo-tellurique avoisine les 20 unités positives dans certains lieux, avec des points forts, comme la Roche tremblante, la grotte d'Artus et le camp d'Artus.

Elle est parsemée de gigantesques roches qui sont dues, selon la légende, à des grumeaux. En effet, au temps où le Créateur brassait le granite en fusion, dans cette pâte qui ressemblait à quelque sordide bouillie de sarrasin il s'est produit des grumeaux, qui donnèrent naissance aux titanesques roches de la forêt d'Huelgoat.

Huelgoat signifie « le bois du haut ». C'est là que règne en maître le Gawr, le géant appelé ici Hok Braz, l'un des grands dieux de la mythologie celtique.

L'avis du géologue est plus prosaïque. Selon lui, ces roches sont dues à certains blocs qui résistèrent aux acides humides qui en émiettaient la gangue. L'érosion s'est chargée, au fil des millénaires, d'emporter dans la vallée toute cette chape de sable et d'argile. C'est alors que, dénudées de leur enveloppe, ces roches dévalèrent, culbutant les unes sur les autres pour former des chaos insolites.

La grotte du Diable

Le « pèlerinage » peut commencer au chaos du Moulin, près du lac, où un prodigieux amoncellement de blocs granitiques au milieu de la verdure donne le ton au périple.

Le pèlerin chercheur pourra ensuite se purifier à la grotte du Diable, où il aura l'impression de pénétrer dans les entrailles de la Terre.

Spectaculaire et grandiose, ce spectacle de la lutte entre l'eau et la pierre, dans ce gouffre assourdissant, replonge l'homme au sein même de la matière, et il peut se dégager de ses fardeaux de miasmes qui entravent sa croissance intérieure.

C'est dans ce gouffre, raconte la légende, que la cruelle princesse d'Ys, Anès, faisait jeter ses amants.

Au matin, lorsque l'un d'eux la quittait, elle lui donnait, sous prétexte de lui assurer une sortie discrète, un masque magique. Mais à peine le malheureux l'avait-il mis qu'il le sentait serrer son visage, son cou, et l'étrangler. C'est l'Homme en noir qui, bride abattue, rejoignait Huelgoat pour se débarrasser du corps sacrifié [1].

La Roche tremblante

Les 100 tonnes de granite posées en équilibre sur le flanc de la colline portent le nom de Roche tremblante.

1. G. le Scouëzec, *Guide de la Bretagne mystérieuse.*

Les émissions de la roche dépassent 20 unités positives. C'est un haut lieu thérapeutique très stimulant. Le radioactivité-mètre dépasse 230 impulsions par minute.

Il est néanmoins déconseillé de s'y attarder longtemps, car ce lieu a une action trop stimulante sur le système nerveux et endocrinien. Les personnes fragiles et vulnérables risquent d'en être incommodées.

La Roche tremblante serait une pierre d'épreuves et de consultation. Sa vocation oraculaire ne serait connue que par quelques rares initiés, qui sont en mesure de faire « parler » la pierre, c'est-à-dire de la faire osciller pour avoir une réponse à leurs questions.

Il est vrai que cette monumentale masse de granite peut être aisément mise en oscillation. L'important est de trouver le point d'appui.

Le camp d'Artus

Jadis un important camp gaulois de l'époque des Osismes occupait ce site où l'onde de vie mesure 18 unités positives. L'énergie n'est pas très puissante, mais son amplitude est très large et en fait un haut lieu thérapeutique pour se détendre et se relaxer.

La radioactivité est nettement moins forte qu'à la Roche tremblante, ne dépassant pas 140 impulsions par minute.

Ce camp se caractérise par l'étonnant système de défense à double et même triple ligne de retranchement.

Jadis, les paysans pensaient que le camp d'Artus était

hanté, et que des êtres surnaturels veillaient sur d'immenses trésors cachés dans le sol.

En effet, selon Cambry, à la fin du XVIIIe siècle, le camp d'Artus passait pour contenir des trésors fabuleux gardés par des démons qui traversaient les airs sous la forme de feux follets. On y entendait aussi d'effroyables hurlements.

Selon Chrétien de Troyes, c'est ici que le roi Arthur aurait enfoui les trésors que Merlin lui fit découvrir au Val sans retour, dans la forêt de Brocéliande.

Le trésor est peut-être en rapport avec l'exploitation des mines de plomb argentifère à l'époque romaine.

La grotte d'Artus

Artus, c'est bien sûr le roi Arthur, le légendaire roi des chevaliers de la Table ronde. Il se cachait dans la grotte d'Artus en compagnie de saint Efflam, le dragon de Plestin, et ne sortait que les soirs de nouvelle lune.

L'onde de vie dépasse les 22 unités positives. L'information du lieu place celui-ci dans la catégorie des hauts lieux magiques.

On raconte que c'est ici que, enfant, le géant Hok Braz venait jouer. A trois ans, il était déjà grand comme un homme, et son père décida de le faire baptiser à Huelgoat.

La tante de l'enfant l'emmena aux fonts baptismaux. Mais quand on lui plongea la tête dans l'eau, Hok Braz éternua si fort que le bedeau fut projeté contre un pilier. Hok Braz rit de si bon cœur que tous les vitraux de l'église volèrent en éclats.

Le menez Mikael

Le périple effectué dans la forêt de Huelgoat est une excellente préparation pour aborder la montagne Saint-Michel de Brasparts, s'élevant à quelques kilomètres à l'ouest.

Haut lieu sacré, cette montagne atteint en certains points une onde de vie de 35 unités positives. Signalons toutefois que la chapelle ne dépasse pas les 26 unités.

La radioactivité est relativement faible pour la Bretagne, n'excédant pas 100 impulsions par minute.

Ce site exceptionnel est très élevé spirituellement. C'est un fantastique lieu de réharmonisation des corps subtils.

Une vue panoramique sur les monts d'Arrée et les Montagnes Noires confirme la vocation de haut lieu sacré de cette montagne.

Au pied de ses 380 mètres s'étend, vers l'est, un vaste marais tourbeux, prolongé par un lac artificiel. Le marais est appelé le Yeun Elez. Il abriterait un être cornu étrange, possédant des seins et une queue de serpent, qui est représenté sur le portail sud de l'église de Brasparts et que l'on retrouve sous les pieds de la Vierge à l'église de Brennilis.

La Vouivre, ou Morgane, l'antique déesse celtique des Eaux, hante le marais qui passe pour être l'entrée de l'enfer.

On aperçoit à droite du lac, sur la pointe rocheuse, la Noce de pierre, un alignement de mégalithes composé d'une vingtaine de menhirs. Selon la légende, les invités d'une noce furent pétrifiés sur place pour ne pas avoir cédé le passage au recteur de Brasparts « portant le Bon Dieu » à un mourant. En effet, les joyeux lurons dansaient sur le chemin de campagne au son du biniou et de la bombarde. Ils ne voulurent pas s'arrêter pour laisser passer le bedeau et son enfant de chœur, qui furent obligés de se frayer un chemin dans les broussailles et les ajoncs. A la dernière note du biniou, les noceurs furent changés en pierres.

A Brennilis, entre Huelgoat et la montagne Saint-Michel, le courant tellurique qui relie ces deux centres séparés par le marais Yeun Elez est symbolisé par saint Hervès terrassant le dragon (à droite de l'autel des Sibylles).

Par temps de brouillard, quand la brume envahit la cuvette au pied de la montagne, tout est lugubre alors que le sommet du Menez Mikael, illuminé par le soleil, est enveloppé de lumière : symbole alchimique de la transmutation spirituelle.

La forêt de Paimpont

C'est avec la forêt enchantée de Paimpont, l'antique forêt de Brocéliande de Merlin l'Enchanteur et de la fée Viviane, que se termine notre périple en Bretagne.

Les légendes celtiques ont fait de cette forêt de 8 000 hectares le site privilégié du mythe de la Bretagne.

L'approche cosmo-tellurique de Brocéliande par la localisation des circuits énergétiques va apporter une nouvelle vision de cette forêt mythique.

La forêt de Paimpont, à l'ouest de Rennes, se situe dans l'axe énergétique qui traverse la Bretagne. Mais quelle relation existe-t-il entre le Val sans retour ou la fontaine de Barenton et les courants telluriques ?

Les mesures cosmo-telluriques permettront d'y voir plus clair.

Le nom de *Paimpont,* mi-latin, mi-breton, dérive de *Pen-Ponthi* ou *Pen-Pont*, « tête de pont ».

La situation géologique de la forêt de Paimpont mérite réflexion, et donne une explication à sa vocation de haut lieu cosmo-tellurique.

L'ensemble forestier est implanté sur des formations géologiques constituées principalement de schistes rouges cambriens, affleurant autour de grès armoricains d'âge ordovicien.

Ces formations reposent en dissonance sur les schistes verts briovériens.

Au Val sans retour, on reconnaît les schistes rouges. Les grès armoricains sont présents dans la vallée de la Moutte, et l'on trouve des concrétions ferrugineuses dans la périphérie de l'Étang bleu, qui est une ancienne carrière. Il assure l'alimentation d'une douzaine de communes aux environs.

L'arête du courant tellurique qui traverse Brocéliande d'est en ouest est coupée perpendiculairement par un courant nord-sud. Cette intersection a lieu précisément au bord de l'étang de Paimpont, à l'emplacement de l'abbaye.

Le courant latitudinal relie Tréhorenteuc, le Val sans retour, les chapelles de Beauvais et de Saint-Jean à celles de Saint-Péran et de Coganne, en traversant l'abbaye de Paimpont.

L'axe longitudinal passe non loin du château de Comper (à l'est de Concoret, 35), qui aurait été la résidence de Viviane, plus tard celle de Lancelot du Lac, et du village de Beignon.

L'approche de Brocéliande est très délicate, car notre inconscient est imprégné de mythes et de légendes.

L'église de Tréhorenteuc nous paraît être la porte d'entrée, la clef permettant l'accès à cette forêt enchantée.

L'église du Saint-Graal de Tréhorenteuc

Véritable musée du Graal, l'église de Tréhorenteuc abrite mosaïques et tableaux illustrant la légende du Val sans retour et de la fontaine de Barenton.

Dans le chœur, on remarque un vitrail consacré au Saint-Graal et le tableau des chevaliers de la Table ronde.

La mosaïque du fond de l'église est impressionnante. Elle remémore la légende médiévale du Cerf blanc et des Quatre Lions qui se réfugient dans une église et se transmutent : le Cerf devient homme ; les lions, aigle, ange, lion et taureau.

Il est dit que cette scène se déroule auprès du Perron de Merlin, à proximité de la fontaine de Barenton.

Selon certains archéologues, une civilisation du Cerf venue du nord aurait occupé la Gaule avant les Gaulois, et aurait érigé les mégalithes.

Le géodynamètre atteste une onde de vie de 25 unités positives à l'intérieur de ce haut lieu spirituel.

Les étapes suivantes seront au choix du pèlerin chercheur. L'important est de terminer le parcours initiatique par la chapelle du Saint-Sacrement de l'abbaye de Paimpont.

Si le Val sans retour possède incontestablement un potentiel énergétique intéressant de par sa situation sur le courant tellurique, la fontaine de Barenton nous a réservé bien des surprises.

Selon la légende, c'est en cet illustre lieu de l'Armorique que Merlin rencontra la fée Viviane. C'est à cette ancienne source, vénérée par les druides, que se rattache le rite qui consiste à verser quelques gouttes d'eau sur le Perron afin de faire pleuvoir.

Jadis, en période de sécheresse, le clergé chrétien venait à Barenton perpétuer cette tradition antique. Selon les témoignages de l'époque, des nuages se formaient et les orages éclataient sur-le-champ.

On rapporte même que ces eaux étaient utilisées à des fins thérapeutiques, et que malades et enfants chétifs y trouvaient réconfort.

Il semblerait que les moines utilisaient cette eau pour guérir la folie.

Alors qu'a-t-elle de particulier, cette fontaine ?

L'onde de vie du lieu est très faible et dépasse difficilement le neutre (zéro). L'énergie vitale de cette « eau glacée qui bout » (à cause des bulles d'azote qui s'en dégagent) est limitée à 5 unités positives.

Cependant, et c'est peut-être l'explication de l'énigme, une atmosphère lourde plane sur le lieu. Une énergie semblable à celles que l'on rencontre dans les lieux de pratiques occultes. Alors, prudence ! les apprentis sorciers ne sont pas loin.

L'ancienne abbaye de Paimpont

Austère et majestueuse, l'ancienne abbaye de Paimpont se mire dans les eaux mystérieuses du vaste étang et témoigne des grandeurs du passé.

Cette ancienne abbaye est implantée curieusement sur l'intersection des deux courants telluriques.

Vers l'an 630, Judikaël, prince de Bretagne et vaillant guerrier, fut à l'origine de la fondation de cet ancien prieuré devenu abbaye au XIIe siècle.

D'abord habitée par les moines de Saint-Colomban, puis par les bénédictins et les chanoines réguliers de Saint-Augustin, l'abbaye fut abandonnée en 1649.

Deux points cosmo-telluriques puissants :

– la chapelle du Saint-Sacrement, petit sanctuaire intime et sévère rappelant l'austérité des moines de Saint-Colomban. L'onde de vie y dépasse les 32 unités positives ;

– une zone dans le chœur, que nous laisserons découvrir au pèlerin chercheur.

Un charme reposant enveloppe Brocéliande comme une aura de bonheur. Haut lieu thérapeutique, haut lieu magique, haut lieu sacré, Brocéliande reste un des hauts lieux cosmo-telluriques les plus fascinants.

Le clergé ne s'y est pas trompé, comme le confirment les nombreux sanctuaires qui ont marqué la christianisation des hauts lieux païens.

LA NORMANDIE
DE GUILLAUME LE CONQUÉRANT

La Normandie, célèbre par ses ducs, tels que Guillaume le Conquérant, ses hauts lieux, ses verts bocages et son cidre pétillant, est la région de France où le tellurisme est le plus « grave », si l'on se reporte au spectre des fréquences. L'amplitude de celles-ci est également plus large.

En effet, la longueur d'onde et l'amplitude de l'énergie de la Normandie sont bien différentes de celles de la Bretagne. Le tellurisme de cette dernière se caractérise par une fréquence plus « médiane » et une amplitude moins large qui en font une région très tonique.

Origines et géologie

La Normandie s'étend à cheval sur deux grandes régions dont les sols sont de natures différentes et d'âge décroissant d'ouest en est :

— du côté de la Bretagne, les roches anciennes de grès, de granite et de schiste primaire — la Normandie armoricaine, aussi appelée la basse Normandie, où, en pays de bocage au sud du Bessin, plusieurs lieux magiques et sacrés sont au rendez-vous ;

— du côté est, les particularités du Bassin parisien, argiles, calcaires et craies de formation géologique secondaire et tertiaire, qui caractérisent la Normandie sédimentaire, appelée aussi haute Normandie, ou le pays d'Auge — pays de bocage. Un haut lieu célèbre s'y est révélé par les interférences vibratoires du ciel et de la Terre.

La Normandie est reliée à la Bretagne par un trait d'union sacré : le Mont-Saint-Michel, haut lieu de la nature, de l'histoire et de la prière, mais surtout haut lieu cosmo-tellurique.

Jadis, le Mont-Saint-Michel était relié telluriquement au mont Dol et à l'îlot de Tombelaine. Aujourd'hui, la trajectoire des courants telluriques a été modifiée, et le Mont-Saint-Michel est devenu normand à part entière, bien que les Bretons s'insurgent contre le découpage administratif qui fait de ce site fabuleux une commune normande d'une centaine d'habitants.

Pourtant, les anciennes traditions du Mont-Saint-Michel le rattachent au mont Dol, haut lieu sacré breton et site archéologique de renom, s'élevant à 65 mètres au-dessus des marais.

Nos recherches mettent en évidence une interaction entre le Mont-Saint-Michel, le mont Dol et l'îlot de Tombelaine, mais le potentiel d'énergie de ces derniers hauts lieux est considérablement réduit.

Jadis, le mont Dol, ancien sanctuaire du Soleil, était une île comme le Mont-Saint-Michel. Lieu de culte druidique, il fut un des sites religieux les plus importants de la péninsule armoricaine. Des fouilles pratiquées en

1872 aux environs du mont Dol ont permis d'exhumer les restes de 150 animaux : mammouths, éléphants, rhinocéros, rennes et de nombreux outils paléolithiques.

Le Mont-Saint-Michel

Ilot granitique de 80 mètres de haut et d'environ 900 mètres de tour, le Mont-Saint-Michel est, par l'originalité de son site, la beauté de son architecture et la richesse de son histoire, le haut lieu sacré le plus fascinant de l'Occident.

Véritable chef-d'œuvre sculptural de dame Nature, le Mont-Saint-Michel se dresse au milieu d'immenses bancs de sable.

L'amplitude des marées dans la baie est considérable : une quinzaine de mètres entre les niveaux de basse mer et de haute mer.

A l'époque gallo-romaine, le Mont était le siège d'un collège de druidesses relié à l'île de Sein. Celles-ci avaient le pouvoir de calmer les tempêtes.

Longtemps occupé par des ermites, le Mont-Saint-Michel, jadis le mont Tombe, a toujours eu une vocation de haut lieu sacré.

C'est en 1017 que le duc Richard II le Bon fit poser les fondements de l'actuelle abbaye, mais les premières constructions qui sont à son origine remontent à la fin du VIIe siècle.

L'abbaye carolingienne du Mont fut remplacée par un oratoire consacré à saint Michel, à la suite de l'apparition de l'archange à saint Aubert, évêque d'Avranches. Il ne reste malheureusement plus rien des monuments

Le Mont-Saint-Michel

antiques qui se dressaient sur le Mont, mais l'énergie est toujours présente. Puissante et constante.

Les deux menhirs de l'enceinte sacrée laissent supposer qu'un temple avait été bâti à cet endroit à l'époque romaine.

Jusqu'au XIIe siècle, la crypte située à l'ouest, sous le parvis de l'église supérieure, abritait une Vierge noire : Notre-Dame-sous-Terre, qui disparut en 1790.

Cette crypte provient de l'édifice carolingien intérieur, utilisé pour soutenir la plate-forme sur laquelle s'élèvent les trois dernières traces de la nef romane. C'est curieusement ici que l'on enterrait les moines depuis l'origine du monastère. Une fontaine est située sous la Merveille, superbes bâtiments gothiques de la face nord, étagés sur trois niveaux, le dernier étant le cloître.

De nombreux miracles apparaissent dans la chronique du Mont-Saint-Michel, où les pèlerins affluent depuis des siècles.

Joyau d'une valeur incommensurable, déposé par les dieux (ou Gargantua, selon la tradition), le Mont-Saint-Michel est bien plus qu'une simple curiosité que l'on « doit avoir vue au moins une fois dans sa vie ». Ce haut lieu sacré, entre ciel et océan, réunit toutes les composantes de la beauté. Il est nimbé d'une aura spirituelle très particulière.

Aussi est-il déplorable d'observer les nuées de touristes déversés par les cars se précipiter avidement vers les « marchands du Temple » pour assouvir leur besoin d'acheter une place au paradis. Peut-être sont-ils découragés par le droit d'entrée à payer pour accéder à l'abbaye ou à ses jardins ?

Le lieu énergétique le plus exceptionnel du Mont-Saint-Michel, nous l'avons découvert non sans surprise, voire avec suspicion au sujet de la qualité de nos mesures, sur une esplanade de gazon interdite aux visiteurs, appelée la Croix de Jérusalem.

Nous avons été rassurés quand nous apprîmes que ce site correspondait à l'emplacement d'un couvent de religieuses.

La zone cosmo-tellurique la plus intéressante se situe à l'ouest de la Grand-Rue, entre l'église paroissiale et la tour Nord.

Des points atteignent 38 unités positives, voire plus en certaines périodes.

L'église paroissiale consacrée à saint Pierre est pourvue de points forts qui peuvent enregistrer jusqu'à 35 unités positives, alors que la moyenne du Mont n'atteint pas 20 unités. Ni l'église abbatiale, ni le cloître, ni les jardins de l'abbaye ne dépassent cette mesure. La radioactivité voisine autour de 180 impulsions par minute.

Cette église paroissiale n'a ni la noblesse ni la majesté de l'église abbatiale, mais un charme et une beauté saisissants s'en dégagent.

Depuis 1886, à la suite du départ des religieux de l'abbaye, elle est le sanctuaire de pèlerinage en hommage à saint Michel, redevenant le reliquaire de la foi d'hier.

Son origine, vraisemblablement, remonte jusqu'aux temps carolingiens (IXe-Xe siècle), où elle servait d'oratoire à des ermites de la forêt primitive.

Sa structure actuelle date du XIe siècle (parties inférieures des piliers entre les deux nefs) et du XVIe (construction des trois chapelles de l'abside : chapelles Saint-Jean, du Saint-Sacrement, de la Vierge).

Un charme indéniable se dégage à l'intérieur : une grande simplicité et une intimité dues à la rusticité des matériaux et de la technique.

C'est à la fois l'une des plus importantes églises de campagne, dont elle a toujours la saveur, et la plus modeste des grandes basiliques de pèlerinage.

Une magnifique chapelle, sanctuaire de l'archange saint Michel, rappelle la vocation cosmo-tellurique du Mont.

La statue de saint Michel est en bronze recouvert d'argent. Il est représenté comme les chevaliers du Moyen Age, avec l'armure, l'épée et le bouclier, vainqueur du dragon tombé à ses pieds.

Dans cette zone exceptionnelle du nord-est du Mont se trouve la maison de Tiphaine, épouse de Du Guesclin, qui fut le capitaine du Mont. On y découvre de beaux meubles, dont certains du XIVe siècle.

Est-ce un hasard si c'est ici que Du Guesclin logea sa femme quand il alla combattre en Espagne ?

Les trois hauts lieux du sud de Saint-Lô

Un courant tellurique relie le Mont-Saint-Michel à la « boutonnière magique » du pays de Bray, à l'est de Dieppe, en passant par le pays d'Auge.

Ce courant traverse une région, au sud de Saint-Lô, où l'interférence cosmo-tellurique a donné naissance à trois hauts lieux très spécifiques, aux personnalités marquées : un haut lieu magique : les roches de Ham ; un haut lieu thérapeutique : le parc du manoir de l'Argotière ; et un haut lieu sacré : Chapelle-sur-Vire.

Les roches de Ham

Cet axe magnétique traverse la basse Normandie au sud de la bande argileuse du Bessin, le Bocage normand, avec ses haies, ses herbages et ses charmants villages. Cette énergie tellurique devait être naguère dynamisée par le mont Robin, à l'est de l'abbaye d'Hambye, éminence haute de 276 mètres qui domine le Bocage.

Perturbée par les fréquences électromagnétiques du relais de télévision, l'énergie naturelle du mont Robin est très faible.

Heureusement, on retrouve le courant « guéri » plus au nord, aux roches de Ham, magnifique escarpement qui domine de 80 mètres la rive droite de la Vire.

Les schistes anciens dans lesquels la rivière s'est taillé un indolent méandre apportent une note magique au paysage.

De la première plate-forme, on domine la vallée de la Vire, calme et profonde. L'énergie cosmo-tellurique de ce haut lieu magique atteint 20 unités positives.

On y découvre une très belle vue sur un paysage de pâturage où broutent quelques moutons.

Une autre plate-forme, telle une rampe de lancement vers une autre dimension, est accrochée au flanc abrupt couvert de petits chênes et plongeant vertigineusement dans la Vire.

Une communication intense s'établit rapidement

avec cette nature sauvage, et la vocation magique de ce haut lieu agit puissamment comme un révélateur de nos ressources profondes.

Pèlerinage aux confins du psychisme, le périple sur ces roches est très dangereux, car la nature y règne en maîtresse.

Il faut, néanmoins, faire un jour l'expérience de communier avec les énergies du ciel et de la Terre en ce site sauvage, par une belle journée printanière, quand les rayons du soleil se réfléchissent et dynamisent ces roches magiques. Ce vécu extraordinaire apportera une autre dimension aux êtres qui feront l'effort d'accéder à ce lieu et d'y consacrer quelques heures de leur vie. Ils imprégneront d'une manière indélébile leur corps informatique de ces merveilleuses informations, résultat de l'alchimie entre les énergies cosmiques et telluriques, l'eau et le soleil. Accédant à un autre état de conscience, il ne leur restera plus qu'à décider de l'itinéraire de leur voyage.

Chapelle-sur-Vire

Perdue dans un décor pastoral ravissant, aux confluents de la Vire et du Marqueran, Chapelle-sur-Vire, à Troisgots, vibre d'une intensité spirituelle peu commune.

Les murs du chœur de la chapelle sont couverts d'ex-voto et témoignent de sa vocation thérapeutique et sacrée.

Un après-midi du mois de mai, dit-on, deux hommes du voisinage montèrent sur leur barque pour se livrer à la pêche dans la Vire. La pêche terminée, et avant d'amener leur barque, se laissant entraîner par le courant, ils jetèrent une dernière fois le filet dans les eaux.

Parvenus à la hauteur de l'actuelle chapelle, une résistance assez vive arrêta la marche de leur embarcation. Heureux de ce succès, mais craignant que leur capture ne se dégageât de leur emprise s'ils demeuraient au milieu de la rivière, ils se dirigèrent vers la rive. Et là, le moment propice arrivé, ils envoyèrent sur l'herbe le filet et son contenu.

Seulement, « quelle ne fut pas leur déception quand, au lieu du poisson rêvé, ils aperçurent une petite statue en pierre que le choc du filet sur la rive avait brisée en deux ! »

En grommelant, ils dégagèrent des mailles les deux morceaux et les déposèrent sur l'herbe sans y attacher plus d'importance. « Mais, ô prodige ! voilà que sous leurs yeux émerveillés les deux fragments se rapprochent d'eux-mêmes, se rejoignent et se soudent. » C'est ce que rapportent les vieilles chroniques.

Cette « statue » est une véritable œuvre d'art expressive, rare et fort curieuse. Creusée dans un bloc de pierre blanche, ce « haut-relief », de 35 centimètres seulement, représente sainte Anne, le visage entouré d'un bandeau de toile. Tandis que la main droite retient le manteau en une harmonieuse retombée, le bras gauche porte la Sainte Vierge tenant elle-même l'Enfant Jésus. Pour compléter le tableau, trois étoiles d'or viennent symboliser la « triple gloire de l'aïeule ».

Le bruit de la découverte se répandit rapidement dans la contrée, et chacun voulut contempler ce spectacle inconnu jusque-là de sainte Anne tenant à la fois sa fille Marie et son petit-fils Jésus.

Depuis cette époque lointaine jusqu'à nos jours, le culte de sainte Anne n'a jamais cessé d'être à l'honneur à Notre-Dame-sur-Vire.

Le pèlerinage est antérieur à cette chronique, car c'est en l'an 1197 que Robert, seigneur de Troisgots — dont le château s'élevait au bord de la Vire, appelait trois moines bénédictins de l'abbaye d'Hambye pour fonder un prieuré.

Outre les mesures au géodynamètre, qui indiquent une onde de vie dépassant les 25 unités positives, de nombreuses dépositions attestant des guérisons sont relatées dans les ouvrages du R. P. Datin et de M. le chanoine Pinel, et confirment la vocation de haut lieu thérapeutique de cette étonnante région.

La radioactivité mesurée dans l'église se situe à 120 impulsions par minute.

Il semblerait que l'énergie de l'axe magnétique reliant le Mont-Saint-Michel au pays de Bray, en Picardie, soit réfléchie sur les roches de Ham et inonde favorablement le petit hameau de Troisgots — Chapelle-sur-Vire.

Cette énergie est principalement canalisée au niveau de la chapelle. Hasard ?

Guérison d'une paralytique

« A l'époque de la reconstruction de la chapelle, raconte Mgr Delamare, une jeune fille, appartenant à une famille de cultivateurs, était percluse des deux jambes depuis plusieurs années. Au cours d'un pèlerinage à Notre-Dame-sur-Vire, elle recouvra instantanément l'usage de ses jambes. Et, depuis cette date, elle n'a jamais ressenti ni douleur ni faiblesse. »

Guérison d'un malade de la moelle épinière

« Un jeune garçon de dix ans, tout déformé par une maladie de la moelle épinière et paralysé des deux jambes, était venu à la chapelle avec ses parents prier la Vierge. Au bout d'un certain temps, l'enfant voulut se lever pour aller prier plus près de la statue. Sans le secours de ses béquilles, appuyé seulement sur le dossier d'un banc, il franchit un espace de 4 à 5 mètres, se prosterna un moment, se releva et retourna à sa place sans aucune aide. Il était guéri, et si bien guéri que ce même jour il put parcourir plus de 2 kilomètres sans bâton ni béquille pour renter chez lui. »

Guérison d'un enfant abandonné par les médecins

« Léon Loslier, de Beston, comme frappé d'une paralysie générale, était depuis dix-huit mois incapable de tout mouvement : les os de la colonne vertébrale, du bassin et des cuisses étaient disjoints. Trois médecins, après avoir épuisé toutes les ressources de leur art, avaient mis le pauvre petit dans un douloureux appareil qui le prenait depuis les épaules jusqu'au-dessous du genou gauche, déclarant le mal incurable.

« L'enfant, se voyant abandonné, de surcroît orphelin, s'en remit entièrement à la miséricorde de la Vierge. Quinze jours après, il s'avança d'un pas ferme vers la Madone pour lui offrir ses deux bâtons en ex-voto. »

Un pèlerinage se perpétue depuis le XIIe siècle, le mercredi qui suit le 8 septembre (nativité de la Vierge).

Le manoir de Langoutière

A proximité de ce haut lieu sacré, de l'autre côté de la Vire, un haut lieu thérapeutique, paisible et sédatif, domine les vallées de la Vire et de la Jacre.

Cette terrasse naturelle possède une onde de vie variant entre 24 et 28 unités positives. La radioactivité est « douce », elle ne dépasse pas 80 impulsions par minute.

Un très beau manoir du XVIe siècle est édifié dans ce site enchanteur. Cèdres, hêtres, tilleuls agrémentent un parc immense où il fait bon flâner en quête d'énergies qui réharmonisent les corps subtils.

Un magnifique cèdre non loin du château attend le pèlerin chercheur pour lui prodiguer ses bienfaits vibratoires. Le lecteur pourra se reporter à la page 145 de *Santé et Cosmo-tellurisme* [1] pour apprendre à se recharger au contact des arbres, véritables antennes cosmiques et prises de terre captant les énergies telluriques dans les entrailles de la Terre.

La boutonnière de Bray

« Ce pays normand séduit par son harmonie verdoyante où de nombreux petits villages se dispersent

1. Collection « Santé naturelle », Édition Dangles.

dans le bocage. Dans une entaille en forme de boutonnière, de légers vallonnements donnent un paysage varié constitué d'herbages bordés de haies et plantés de pommiers.

« Si vous avez l'âme d'un peintre, vous ne resterez pas insensible à ces matins légèrement brumeux où les premiers rayons de soleil s'accrochent aux arbres du bocage.

« Si vous avez l'âme d'un musicien, vous vous réjouirez de cette symphonie pastorale qui allie au chant des oiseaux toutes les musiques d'une campagne encore authentique.

« Si vous avez l'âme d'un poète, vous trouverez dans ce pays une multitude de sources où abreuver votre inspiration [1]... »

Le pays de Bray, autre haut lieu cosmo-tellurique de la Normandie, est sur la ligne tellurique qui vient du Mont-Saint-Michel. Cette ligne traverse le pays d'Auge, célébré par la poétesse normande Lucie Delarue-Mardrus.

Cette région est célèbre par Lisieux, situé dans le cadre très agréable de la vallée de la Touques. La notoriété de Lisieux est due à la petite Thérèse, dont l'énergie farouche semble avoir été liée au courant tellurique traversant la région. Quand, à l'âge de vingt-quatre ans et neuf mois, elle quitta ce monde, elle promit de faire tomber « une pluie de roses » sur la terre. Seraient-ce les bienfaits cosmo-telluriques dont bénéficie la Normandie ?

1. *Pays de Bray, pays d'accueil,* édité par l'Association culturelle et touristique du pays de Bray.

Le pays de Bray est une région frontalière entre la Normandie, dont il fait encore partie, et la Picardie dont le plateau borde à l'est.

Il s'étend sur environ 80 kilomètres, suivant un axe nord-ouest-sud-est, de Bures-en-Bray, au nord de Neufchâtel, jusqu'à Noailles, au sud de Beauvais. Sa largeur peut atteindre une quinzaine de kilomètres.

Cet ancien dôme, château d'eau de la région, par le nombre impressionnant de sources qui s'en échappent, a la particularité d'être surtout une étonnante source de jouvence énergétique.

Origine géologique

Il y a deux cents millions d'années, la chaîne montagneuse armoricaine étendait ses contreforts jusqu'en pays de Bray. Après une période d'érosion, la mer recouvrit le socle de cette chaîne, et des dépôts marins s'accumulèrent pendant une centaine de millions d'années : ce sont les calcaires jurassiques.

Puis la mer se retira, laissant des dépôts argileux, marécageux ou sableux, pour revenir encore, déposant des sables, tandis que, sur les parties émergées, se développait une végétation luxuriante tropicale humide.

C'est de cette époque et de l'extraordinaire activité biologique de cette mer appelée « mer de craie » que datent les dépôts calcaires du crétacé. En effet, cette craie se compose de squelettes et de coquilles d'animaux marins planctoniques qui se sont accumulés pendant vingt-cinq millions d'années sur plusieurs centaines de mètres d'épaisseur.

Il y a dix millions d'années, un brusque retrait des

Coupe géologique sur la "boutonnière de Bray"

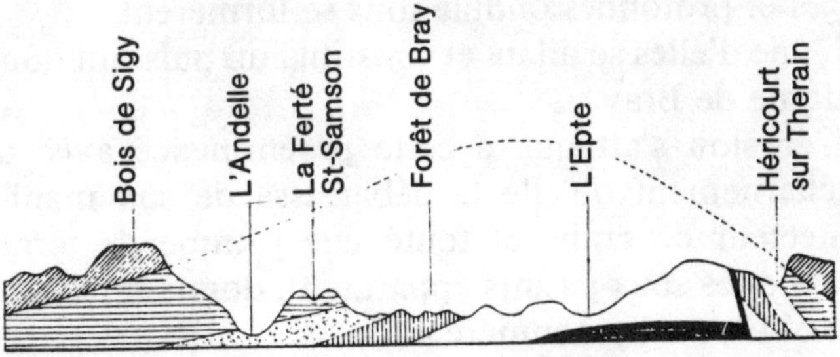

Crétacé Supérieur - craie blanche perméable et sèche bois, landes à moutons et maigres cultures.

Crétacé Inférieur - craie marneuse - riches labours - entre les deux couches de craie jaillissent les sources.

Jurassique - terrains d'argile et de sable très perméables marécages et étangs asséchés devenus des herbes.

Sables et grès ferrugineux - infertiles - domaines des forêts - sources d'eau ferrugineuses.

Lias - marnes, grès, argiles - bancs de calcaires peu épais et perméables.

Guide touristique "Pays de Bray - pays d'accueil", Association Culturelle et Touristique du Pays de Bray.
Dessin C. Carre & P. Lecuyer.

eaux associé à un refroidissement important s'accompagna de la disparition des grands reptiles.

Les mouvements de l'écorce terrestre de l'époque tertiaire ont enfanté les Alpes et eurent des répercussions jusqu'à la région du Bassin parisien.

Les secousses affectant le socle ancien vinrent rider les couches superficielles issues de l'ère secondaire, et de larges et profondes ondulations se formèrent.

L'une d'elles se dilata et constitua un puissant dôme : le dôme de Bray.

L'érosion s'attaqua à cette proéminence avec tant d'acharnement qu'elle la débarrassa de son manteau protecteur de craie, et toute une gamme de terrains jurassiques sous-jacents apparurent, donnant naissance à la célèbre « boutonnière ».

Une structure géologique très particulière donne à ce site remarquable les caractères d'un haut lieu très original. L'énergie fuse littéralement du sol en certains endroits et en fait un haut lieu thérapeutique spécialement indiqué aux êtres fatigués et dévitalisés.

La moyenne de l'onde de vie se situe aux alentours de 25 unités positives, pour les zones les plus favorables. La radioactivité n'excède pas 120 impulsions par minute.

Notre « choix cosmo-tellurique » s'est principalement porté sur le secteur entre Neufchâtel et Forges-les-Eaux.

De nombreux sites, points de vue, chapelles sont à découvrir dans ce paysage accidenté, verdoyant, plantureux, bocagé, parcouru de nombreux ruisseaux, dont le mont Hallebout, près de Mesnil-Mauger, et la chapelle Hodeng.

Nous laissons le soin au pèlerin chercheur de découvrir le lieu qui lui convient le mieux. Là où il se sentira le plus en harmonie vibratoire. Signalons toutefois, près de Rosières, l'existence d'une ancienne abbaye très fortement chargée d'une information spirituelle qui est utilisée comme... grange ! Située sur une propriété privée, à côté d'une magnifique bâtisse de briques rouges et de bois, les ruines de cette abbaye semblent crier leur souffrance face à cette cruelle destinée.

Au sud de la zone privilégiée, où l'on peut admirer de nombreuses maisons faites de torchis (argile et paille), de bois et de chaume, Forges-les-Eaux propose une « santé de fer ».

En effet, la présence de fer dans les argiles et sables du jurassique est à l'origine de sources ferrugineuses, découvertes à Forges en 1573 par Nicolas de Moze, se désaltérant au cours d'une partie de chasse.

Leurs propriétés toniques et reconstituantes furent très rapidement reconnues. Les premiers ouvrages faisant état de leurs vertus datent de 1633, année au cours de laquelle, à l'instigation de Richelieu, le roi Louis XIII et Anne d'Autriche firent à Forges une cure bénéfique. Le roi y trouva meilleure santé, et la ville, un nom nouveau : Forges-les-Eaux.

Les trois sources reconnues furent appelées : la Royale (2,80 mg/1) ; la Reinette (0,20 mg/1) ; et la Cardinale (28,5 mg/1).

Elles se caractérisent par la présence de crénate de protoxyde de fer (composé organique particulièrement assimilable), de concentration croissante, limpide, radioactive, de saveur fraîche, de température constante (7 °C).

Au XVIIIe siècle, des milliers de curistes séjournaient à Forges. Aujourd'hui, un projet ambitieux de relance du thermalisme semble se dessiner.

Les cures sont prescrites généralement en boisson. Dès les premiers jours, l'effet de la cure se manifeste par une augmentation de l'appétit, une diurèse abondante, des digestions faciles.

Elles sont particulièrement indiquées contre les anémies, les asthénies, pour faciliter les convalescences ou combattre les fragilités respiratoires des enfants. Arthrites, dyspepsies et fatigues nerveuses sont des indications secondaires.

ÎLE-DE-FRANCE, BERCEAU DE LA CULTURE FRANÇAISE

L'Île-de-France, berceau de la culture française, haut lieu de l'histoire et du patrimoine architectural, peut être considérée, sur le plan cosmo-tellurique, comme étant quelque peu déshéritée par rapport au restant de l'Hexagone.

Cette région, où la densité de châteaux, de cathédrales, d'abbayes, de prieurés, de couvents, d'églises est exceptionnelle, a été jadis puissamment irradiée par les courants énergétiques, comme l'attestent les vestiges architecturaux et de nombreux écrits.

Aujourd'hui, l'« urbanisme bulldozer » en a fait une région plutôt neutre.

Miraculeusement subsistent quelques hauts lieux, même à Paris, où cette précieuse énergie, bien que sérieusement entravée, jaillit abondamment tels des îlots de régénérescence au milieu d'un océan d'agressions électromagnétiques.

Selon les préceptes du feng-shui, cette science des anciens Chinois qui fait de la Terre un être vivant animé par l'Esprit, une route, un immeuble, une ville doivent être construits selon des lois bien précises, de manière à ne pas briser les circuits énergétiques.

Autoroutes, villes-champignons, aéroports, usines, transformateurs, voies de chemin de fer, lignes de métro, radars, relais de télévision, émissions électromagnétiques... à haute concentration dans la région parisienne ont profondément modifié les structures cosmotelluriques originelles.

L'énergie est toujours présente, mais dilapidée et déstructurée par tous ces facteurs. Le puissant potentiel énergétique de base compense (heureusement) favorablement les émissions pathogènes de cet urbanisme « sauvage ».

Géologie et tellurisme

L'Île-de-France est au centre d'une vaste cuvette dont le Massif armoricain, les Ardennes, les Vosges et le Massif central forment le rebord.

Au début de l'ère secondaire, le Bassin parisien était un vaste golfe limité par ces massifs.

Des dépôts de calcaires durs séparent le centre du bassin et les massifs primaires. Ils sont entaillés par des vallées alluviales ou flanqués de bandes sableuses.

Le long des vallées du Bassin parisien, bien avant qu'un nombre impressionnant d'abbayes, de couvents et de prieurés soient bâtis, de nombreuses tribus celtes venues d'outre-Rhin se sont installées, six siècles av. J.-C.

Le profil du tellurisme en Île-de-France se caractérise par deux puissants courants principaux :

— le premier, provenant de la Bourgogne, traverse la

La cathédrale de Chartres

forêt de Fontainebleau, la ville de Paris et se dirige vers la Normandie ;

— le second relie Reims à Chartres, en traversant également Paris.

L'intersection de ces deux courants produit un intense champ énergétique dont bénéficie abondamment la capitale et qui permet à certains hauts lieux d'atteindre 28 unités positives, malgré l'importante pollution électromagnétique et le manque d'ions négatifs.

La cathédrale de Chartres

La littérature, d'hier et d'aujourd'hui, traitant de tellurisme et d'énergies subtiles a pour cadre de référence la cathédrale de Chartres.

La vocation de cette étude est de présenter la situation énergétique actuelle de ce haut lieu de façon à mieux comprendre le rôle originel du site.

Avec les 4 000 figures sculptées qui peuplent cette cathédrale et les 5 000 personnages qui décorent ses vitraux, elle est considérée comme l'« Acropole de la France [1] » pour sa haute signification esthétique et spirituelle. Mais Chartres est avant tout un haut lieu alchimique où le ciel et la Terre se rejoignent dans une harmonie vibratoire exceptionnelle.

Exclusivement vouée au culte marial, symbole de la pureté, de la terre-mère, Chartres possède depuis 876 la tunique de la Vierge, offerte par Charles le Chauve.

Dès qu'il voit surgir au loin les flèches majestueuses et

1. Selon Rodin.

acérées de la cathédrale, le pèlerin chercheur comprend immédiatement la prédestination de l'édifice : une extraordinaire antenne cosmique.

Ses lignes d'une pureté vertigineuse se détachent à l'horizon et lui confèrent une impression surprenante de non-matière.

Avant la conquête romaine, en l'an 51 av. J.-C., la région était occupée par les Carnutes. Leur culte, voué à une déesse-mère liée au tellurisme, s'est perpétué dans le culte de la Vierge noire.

Au Xe siècle, Chartres était devenu célèbre pour ses miracles, et « le culte de Notre-Dame amenait des foules considérables : beaucoup de pèlerins couchaient dans l'église, qui devait ensuite être lavée à grande eau [1]... ». Les malades étaient hospitalisés dans la galerie nord de la crypte, où ils passaient habituellement le temps d'une neuvaine.

La première église remonte au IVe siècle. Elle fut érigée au pied des murs d'enceinte d'une cité gallo-romaine.

Incendiée à de nombreuses reprises, mais inlassablement reconstruite, la cathédrale de Chartres frappe par son unité.

Elle a été consacrée en 1260, à l'assomption de Notre-Dame.

Sa longueur totale est de 130 mètres ; le transept mesure 64,50 mètres, et la flèche la plus haute atteint 115 mètres.

Les vitraux, des XIIe et XIIIe siècles, constituent la plus importante collection de France. Le fameux « bleu de

1. Étienne Houvet, *Chartres.*

Chartres » du XIIe siècle apporte des vibrations très particulières.

Les deux chapelles absidales dégagent une énergie qui dépasse 30 unités positives. La chapelle du Saint-Sacrement est la plus puissante.

Il est intéressant de chercher à percevoir la différence de potentiel énergétique entre ces deux chapelles et le transept sud, où l'onde de vie chute au-dessous du zéro.

L'énigme du labyrinthe

L'énigmatique labyrinthe est un véritable joyau cosmo-tellurique.

L'énergie y varie entre 35 unités positives (+ 35) et 35 unités négatives (— 35). L'« initié » en géobiologie et en ondes de formes constatera qu'en réalité les phases énergétiques [1] s'inversent et passent du « magnétique » (néguentropie) à l'« électrique » (entropie), et vice versa.

Sur de très petites distances, les êtres qui cheminent dans ce labyrinthe sont soumis à des variations fort brusques qui agissent à l'égard de notre corps énergétique sous la forme de violentes inductions.

Cette action a pour but de déclencher (ou d'enclencher) des phénomènes sur les circuits énergétiques de l'organisme, afin de provoquer chez l'être une modification des états de conscience.

1. Jean de La Foye : *Ondes de Vie, ondes de Mort,* R. Laffont. Travaux de Gaston Bardet : voir *Habitat et Santé Magazine,* BP 8, 68130 Altkirch.

Le labyrinthe, circulaire, incrusté dans le dallage ancien en pierres de Berchères, occupe toute la longueur de la nef de la cathédrale.

Il peut être considéré comme le plus grand qu'on ait réalisé. Il ne manque que 11,5 centimètres pour que son diamètre atteigne 13 mètres.

LE LABYRINTHE

« La plus grande aventure de Thésée fut la mise à mort à Cnossos du Minotaure.

« Tous les neuf ans, ce monstre, mi-homme, mi-taureau, exigeait des Athéniens un tribut de sept garçons et sept filles, qu'il dévorait vivants.

« Fils du roi, Thésée tint à se joindre à la troupe des victimes, et c'est pendant la traversée, dit-on, qu'il prouva, en rapportant l'anneau qu'il avait jeté à la mer, que son père véritable était Poséidon.

« Dès son arrivée en Crète, il séduisit la fille du roi Minos, Ariane, dont le fil, déroulé dans le Labyrinthe, l'aida, lorsqu'il eut tué le Minotaure, à sortir du palais qui semblait sans issue.

« Avec la troupe des jeunes gens sauvés, il emmena Ariane. »

Dictionnaire de la Civilisation grecque,
Paris, 1966

On y voit, dans la partie centrale, les rivets d'acier qui maintiennent une plaque de cuivre sur laquelle figurait le combat de Thésée et du Minotaure.

Cette plaque fut probablement « recyclée » en 1792, avec le bronze des cloches, en canons.

Le chemin initiatique est constitué par des dalles claires en calcaire, longues de 34 centimètres, qui cloisonnent des bandes de pierres sombres mesurant 8 centimètres de longueur, d'un marbre bleu-noir qui pourrait provenir de la région de Monthermé et de Givet (Ardennes), autre haut lieu cosmo-tellurique.

La taille des pierres et leur ajustage sont de grande précision.

La longueur du parcours est de 261,5 mètres.

Selon la tradition orale, ce chemin était parcouru à genoux, et exigeait environ une heure.

Le plus vieux labyrinthe chrétien connu est en Algérie, dans la basilique de Reparatus, à Ech-Cheliff (Orléansville). Il date de 328.

La cathédrale de Chartres, située sur le courant tellurique reliant Reims à la Bretagne, est un véritable chef-d'œuvre sur le plan des « ondes de formes ». Au centre du chœur convergent quatorze cours d'eau souterrains.

A environ une quinzaine de mètres au sud-ouest de la cathédrale une grande faille semble également jouer un rôle énergétique important.

Les formes extérieures de cette fabuleuse antenne cosmique captent des énergies qui sont transmutées par les formes intérieures de la cathédrale (principe des pyramides). Ces émissions entrent en résonance avec l'énergie tellurique qui fuse au sol. Cette interaction donne naissance à des vibrations d'un très haut niveau énergétique.

L'architecture de Chartres est d'une précision incroyable, et chaque sculpture joue un rôle de transformateur, de catalyseur ou d'amplificateur d'énergie.

Les zones les plus puissantes se situent dans la partie absidale du déambulatoire, derrière le sanctuaire.

Paris

> « Paris est né, comme on le sait, dans cette vieille île de la Cité qui a la forme d'un berceau... »
>
> Victor HUGO.

Bien que cerné par des « fortifications » de béton et des « boucliers » de champs électromagnétiques, Paris est la seule ville, avec Strasbourg, à avoir — presque — conservé intacte une partie de ces fabuleuses énergies cosmo-telluriques.

La *Lutèce* du début de notre ère a néanmoins bien changé.

S'il ne reste plus, comme vestiges gallo-romains, que les larges voûtes en berceau des thermes de Cluny datant de l'an 200, c'est ici que repose la plus ancienne sculpture de Paris, dédiée, sous le règne (14 à 37 de notre ère) de Tibère, à Jupiter.

Cette « relique » fut trouvée sous le chœur de Notre-Dame.

La ville de Paris est traversée par deux axes magnétiques puissants :

— le premier, en provenance de la Bourgogne et de la forêt de Fontainebleau, « entre » dans Paris par la porte d'Italie, « ressort » par la porte Maillot et se dirige vers la Normandie. Ce courant traverse l'île de la Cité ;

— le second, reliant Reims à Chartres, passe par la porte de Ménilmontant et par celle de Passy. Il traverse également l'île de la Cité.

Une interaction énergétique se produit à l'intersection de ces deux courants. C'est à ce point précis qu'est édifiée la cathédrale Notre-Dame.

Quand on trace le parcours de ces courants sur un plan de Paris, on est surpris (et rassuré) de constater que la plupart des hauts lieux sont sur leur trajectoire :

1) le courant Bourgogne-Normandie : Saint-Étienne-du-Mont ; les arènes de Lutèce ; la tour Saint-Jacques ; Saint-Eustache ; la Madeleine ; Saint-Philippe-du-Roule ; — Saint-Ferdinand.

2) le courant Reims-Chartres : la place des Vosges ; Saint-Julien-le-Pauvre ; le musée de Cluny ; Saint-Séverin ; Saint-Sulpice ; Saint-Léon.

Les trois hauts lieux les plus puissants de la capitale se situent sur l'axe Bourgogne-Normandie : Saint Julien-le-Pauvre, Notre-Dame et la Madeleine.

La Madeleine semble probablement être une intruse dans ces hauts lieux sacrés. Bien qu'elle n'ait été construite qu'au IXe siècle, cette église a tous les attributs cosmo-telluriques d'un véritable haut lieu sacré, comme nous le démontrerons au fil de l'étude.

Elle réserve bien des surprises au lecteur.

L'île de la Cité, berceau de Paris, point de jonction des deux courants telluriques, est encore vibrante de souvenirs historiques qui marquèrent son sol.

Curieusement, c'est ici que deux cents ans avant notre ère, des pêcheurs gaulois de la peuplade des Parisii installèrent leurs huttes.

Ainsi naquit *Lutèce*, nom celtique signifiant « habitation au milieu des eaux ».

C'est ici, en l'an 451, que Geneviève de Nanterre, pieuse religieuse, contraignit — à distance — Attila, à la tête de 700 000 Huns qui marchaient sur Paris, à modifier son itinéraire et à se diriger sur Orléans.

Miraculeusement, dix ans plus tard, cette même héroïne, alors que l'île est assiégée par les Francs, détrompe la surveillance de l'ennemi. Elle s'échappe en Champagne afin d'en rapporter des vivres pour la population de l'île, cruellement atteinte par la famine.

L'île de la Cité s'est aussi distinguée entre 880 et 885 devant cinq assauts infructueux des Normands, qui voulaient la piller.

Aujourd'hui encore, cette île semble être protégée des agressions vibratoires du XXe siècle. Une véritable planche de salut (énergétique) au milieu d'un environnement agressif de béton, de galeries et de pollution électromagnétique.

Lieu de culte depuis l'aube des temps, dolmen, temple gallo-romain, basilique chrétienne, église romane se sont succédé avant la construction de la magnifique cathédrale dédiée à Notre-Dame.

Pourquoi attire-t-elle les foules de toutes les parties du monde ? Des foules ferventes et des foules incroyantes, mais qui sont toujours fascinées [1].

Qui pourrait expliquer la séduction mystérieuse de ce monument qui a survécu à tous les drames de notre histoire ?

Que viennent chercher tous ces êtres en ce lieu sacré ?

Le génie et le savoir des architectes de Notre-Dame se transmettaient de génération en génération. Les bâtisseurs initiés ont su transmuter la matière. Les pierres

1. D'après Madeleine Ochsé, *Notre-Dame de Paris*.

sont devenus vivantes et rayonnantes, grâce à cette connaissance fabuleuse.

Le respect de la polarité des pierres, leur orientation dans la construction, les proportions « dorées » ont permis au règne minéral d'accéder à un niveau de conscience supérieur, acte alchimique, où chaque être qui participait à la construction de cet édifice avait le don (ou le devoir) de rapprocher la matière de la lumière, afin que ceux qui pénétreraient dans ce lieu puissent atteindre des états de conscience supérieurs.

Fascinante, cette cathédrale ne doit pas être visitée, elle doit être vécue du plus profond de son être.

La moyenne de l'onde de vie gravite autour de 22 unités positives, alors que les points forts, comme celui qui se situe devant la chapelle de Notre-Dame-des-Sept-Douleurs ou près du gisant de l'évêque Simon Mattifas de Bucy, dépassent 25 unités (ce qui est tout à fait exceptionnel pour une ville comme Paris).

La radioactivité ne dépasse pas 60 impulsions par minute. Le lieu est d'autant plus serein.

Ce n'est donc pas un haut lieu de regénération physique, mais principalement un lieu de méditation et de recueillement pour se retrouver avec soi-même.

Un élément frappant se dégage des niveaux vibratoires de la cathédrale (thérapeutique - magique - spirituel). En effet, très curieusement, ce haut-lieu a « perdu » en partie son information spirituelle. Cette particularité est facilement discernable pour les êtres qui ont déjà « vécu » plusieurs types d'information sur les hauts lieux.

Saint-Julien-le-Pauvre

« S'il était possible de fixer l'endroit où l'histoire de Paris commence à se dégager des brumes de la légende et de la tradition, on pourrait très bien choisir l'emplacement de la petite église de Saint-Julien. Depuis plus de mille cinq cents ans, le cours de la vie de Paris flue et reflue vers Saint-Julien-le-Pauvre, éternellement vieille et éternellement jeune, comme la Seine qui baigne les anciennes limites de la ville [1]. »

Elle dégage un sentiment d'intimité au charme duquel personne ne demeure insensible, et qui pourrait être dû à cette énergie harmonieuse qui l'enveloppe et semble la détacher de la vie terrestre.

L'onde de vie n'atteint, là, que 18 unités positives, mais l'atmosphère est très indiquée aux êtres fatigués psychiquement.

A l'emplacement de cette église, près du Petit-Pont, non loin du *Cardo*, la grande voie romaine de la rue Saint-Jacques, s'élevait depuis le VIe siècle un hospice pour pèlerins [2].

L'église Saint-Julien-le-Pauvre est affectée au rite gréco-melkite depuis 1889.

Quant à la légende de saint Julien, elle nous est racontée par Jacques de Voragine dans sa *Légende dorée.* Gustave Flaubert l'a rendue célèbre. Il s'est inspiré d'un

---

1. C. Oliver Edwards, *Old Paris.*
2. *Guide de Paris mystérieux.*

vitrail de la cathédrale de Rouen datant du XIIIe siècle.

Issu d'une noble famille, Julien aimait la chasse. Un jour qu'il poursuivait un cerf, celui-ci se retourna vers lui et lui dit : « Comment oses-tu me poursuivre, toi qui tueras un jour ton père et ta mère ! »

Julien, épouvanté à ces mots, résolut de quitter le manoir paternel pour empêcher la prédiction de se réaliser : il partit pour un pays éloigné. Il y entra au service du roi.

Il se conduisit avec tant d'éclat dans la guerre et dans la paix que le roi le fit chevalier, lui donna un château et, pour femme, la veuve d'un très riche seigneur.

Ses parents, désespérés de sa disparition, le cherchèrent de tous côtés et arrivèrent finalement à sa demeure. Julien était absent.

Sa femme les reçut si bien qu'elle leur donna sa propre chambre.

Rentré de bon matin, Julien monta chez lui. Lorsqu'il aperçut les deux personnes dans son lit, il entra dans une violente colère et les frappa de son épée.

Il venait de tuer son père et sa mère...

Apprenant de sa femme qui il avait frappé, il se lamenta : « Que vais-je devenir, misérable que je suis ? Ce sont mes chers parents que j'ai tués ! J'ai accompli la prédiction du cerf pour avoir essayé d'y échapper.

« Adieu donc, ma douce petite sœur, car je n'aurai plus de repos jusqu'à ce que je sache que Dieu a agréé mon repentir. »

Sa femme ne voulant pas le laisser partir seul, ils abandonnèrent leurs biens et vinrent s'établir au bord d'un grand fleuve.

Là, tout en faisant pénitence, ils transportaient d'une rive à l'autre ceux qui voulaient traverser le fleuve, et les accueillaient dans un hôpital qu'ils avaient construit.

Une nuit, par un temps glacial, Julien s'était couché, accablé de fatigue ; il entendit la voix plaintive d'un étranger qui lui demandait de lui faire traverser le fleuve.

Il courut vers l'inconnu à demi mort de froid. Il lui fit traverser le fleuve, le conduisit dans sa maison et alluma un grand feu pour le réchauffer.

Puis le voyant toujours glacé, il le porta dans son lit et le couvrit avec soin.

Or, voici que cet étranger, qui était rongé de lèpre et répugnant à voir, se transforma en ange éclatant de lumière. Et tout en s'élevant dans les airs, il dit à son hôte : « Julien, le Seigneur m'a envoyé vers toi pour t'apprendre que ton repentir a été agréé et que ta femme et toi pourrez bientôt vous reposer en Dieu. »

Et l'étranger disparut.

Peu de temps après, Julien et sa femme s'endormirent dans le Seigneur, pleins d'aumônes et de bonnes œuvres [1].

La Madeleine

L'église de la Madeleine, ou tout simplement « la Madeleine » pour les Parisiens, est le nouveau centre spirituel de la capitale.

---

1. Jacques de Voragine, *La Légende dorée*, traduction de Theodor de Wyzena, Paris, 1910, p. 116-118.

Ce « temple grec » a une histoire très mouvementée, qui commence vers la fin du XVIe siècle avec la première église de la Madeleine de La Ville-l'Évêque, qui s'élevait sur l'emplacement du n° 8 du boulevard Malesherbes.

La construction de l'actuelle Madeleine fut décidée en 1764. Les travaux furent confiés à Constant d'Ivry, sur des plans inspirés de Saint-Louis-des-Invalides. Couture prendra la suite sur le modèle du Panthéon. Sous la Révolution, la construction fut abandonnée. L'herbe poussa à l'intérieur des ruines.

On envisage en 1806 d'utiliser l'édifice pour la Banque de France, ou comme Palais législatif, comme siège du Tribunal de commerce, de la Bourse, ou encore d'en faire une bibliothèque, un théâtre, une salle d'honneur pour fêtes officielles. Le 2 décembre 1806, Napoléon décide de dédier le monument à la Grande Armée. Pierre Vignon, l'architecte, dessina le plan d'un temple grec.

Les vestiges furent rasés une fois de plus, et bientôt s'éleva cette étrange construction. Napoléon mourut avant son achèvement. Louis XVIII exigea que le temple fût reconverti en église chrétienne.

En 1837, il s'en faut de peu pour que l'administration ne transforme la Madeleine en gare.

Enfin, en 1842, près de quatre-vingts ans après la pose de la première pierre, elle est enfin achevée, puis consacrée, le 9 octobre 1845, par Mgr Affre.

Monument impressionnant par sa prestance et ses 52 colonnes corinthiennes, hautes de 20 mètres, supportant une frise sculptée, la Madeleine est le haut lieu de Paris où l'information spirituelle est la plus élevée.

L'onde de vie est moins importante qu'à Notre-Dame

(22 unités positives), mais il semblerait que les formes de cet édifice correspondent mieux à notre époque et permettent une meilleure transmutation des énergies de ce début du IIIe millénaire.

Certains lecteurs seront probablement édifiés devant une telle affirmation. Nous en sommes conscients. Il est nécessaire de savoir que les formes correspondent à des époques précises, selon les cycles des astres. Nous entrons présentement dans l'ère du Verseau, l'ère de la communication et de la spiritualité vécue par l'action.

La plupart des cathédrales ont été édifiées après le cap de l'an 1000. On avait prédit aux hommes la fin du monde, l'Apocalypse. Cette terreur a hanté les gens pendant plusieurs dizaines d'années précédant l'an 1000.

Aujourd'hui, ne vivons-nous pas dans la terreur de la guerre nucléaire, du sida, du cancer, de la pollution... ?

La forme a changé, mais le problème est le même.

Les capacités d'adaptation de l'homme sont extraordinaires, et nous assistons à une mutation de l'être.

Nous commençons enfin à comprendre que nous bâtissons quotidiennement notre bonheur ou notre malheur, et que c'est nous-mêmes qui devons changer, et non les autres ou notre environnement.

Le Marais

Occupé au XIIIe siècle par des moines et des templiers qui y ont bâti quelques couvents, le Marais est la zone de

Paris où il fait bon habiter, particulièrement dans les pavillons qui bordent la place des Vosges.

Jadis, la route romaine reliant Paris à Melun empruntait l'actuelle rue Saint-Antoine.

Quartier étonnant, où au XVIIe siècle moines et jésuites côtoient libertins, précieux, philosophes et musiciens, la rue Saint-Antoine était autrefois un lieu de promenade et de réjouissances souvent emprunté par les souverains.

La place des Vosges, où l'énergie est la plus présente, doit son nom à la diligence de ce département pour payer ses impôts.

C'est la plus ancienne place monumentale de Paris. Elle est bordée de 36 « pavillons » qui ont abrité des personnages célèbres :

— Mme de Sévigné, au no 1 *bis* ;

— Victor Hugo, au no 6, où l'on peut découvrir sa table tournante ;

— Marie de Lon, la fameuse courtisane, plus connue sous le nom de Marion Delorme, au no 11 ;

— Bossuet, au no 17 ;

— Richelieu, au no 21, qui recevait en cachette Marion Delorme.

La construction la plus importante est le pavillon du Roi, au sud, auquel répond, au nord, le pavillon de la Reine.

La place des Vosges, créée par Henri IV en 1605, reprenant une idée de Catherine de Médicis, porta le nom de place Royale jusqu'en 1792, puis de nouveau entre 1815 et 1870.

Pierres, briques, ardoises composent ces magnifiques

demeurent pourvues d'arrière-cours et de jardins cachés.

A l'exception des hauts lieux sacrés que nous avons présentés, la place des Vosges est le seul endroit de Paris où l'énergie cosmo-tellurique dépasse 15 unités positives.

La forêt de Fontainebleau

La forêt de Fontainebleau est un des massifs qui composent la ceinture boisée entourant la capitale, véritable poumon lui fournissant un oxygène précieux.

Mais cette forêt est bien plus qu'un réservoir d'oxygène. C'est une véritable corne d'abondance d'énergies subtiles. Elle fait de ce site un haut lieu où se côtoient lieux thérapeutiques, lieux magiques et lieux sacrés, dans une fantastique alchimie vibratoire.

Jadis occupée par les druides et les ermites, la forêt surprend par son relief que caractérisent des alignements parallèles de roches gréseuses orientés est-ouest.

Selon les géologues, cet étonnant relief est dû à des dunes formées à l'ère tertiaire par des vents violents. Elles se seraient superficiellement cristallisées en une gangue de grès dur.

La « vitalité » moyenne de la forêt de Fontainebleau est de 18 unités positives. Le taux de radioactivité est très bas, puisque les impulsions ne s'élèvent pas à plus de 50 par minute. Un lieu extraordinaire pour les Parisiens qui peuvent y venir se régénérer physiquement, psychiquement et spirituellement.

La forêt de Fontainebleau est véritablement le contrepoids des stress, des tensions, de la précipitation de la capitale, c'est également l'élément compensatoire du béton armé, des matières synthétiques, du bruit et de la pollution électromagnétique comme de celle des gaz d'échappement.

Ce site privilégié semble être un paradis de géants où les sculptures naturelles titanesques côtoient des galets géants. Jouets cyclopéens ou réalités magiques ?

Nous laissons le pèlerin chercheur se promener à son gré, dans cette forêt pleine de mystères et de magie. Nous lui indiquerons simplement quelques points de repère :

— le rocher Canon, situé à l'extrême nord de la forêt ;

— le rocher Cuvier-Châtillon, principalement la Prestat et le Rempart ;

— le rocher Saint-Germain, particulièrement la grotte aux Cristaux ;

— les gorges et platières d'Apremont, la caverne des Brigands et les gouffres à l'est sont les plus énergétiques ;

— le mont Aigu, à l'ouest du terrain de golf, possède une faculté de remise en forme intéressante ;

— l'ancien ermitage de Franchard a perdu en grande partie son « âme cosmo-tellurique ». Pourtant, on trouve au XIIe siècle, déjà, les traces de cet ermitage, où, un siècle plus tard, une communauté s'installera en ce lieu devenu un pèlerinage très fréquenté. Il ne reste debout que les murs de la chapelle, incorporés à la maison forestière ;

— la forêt des Trois-Pignons, à l'ouest de la forêt de

Fontainebleau, possède une onde de vie qui dépasse les 24 unités positives dans le secteur de la Vallée close. Un haut lieu thérapeutique prédestiné aux êtres fatigués et dévitalisés.

Mais avant de pénétrer dans la forêt, arrêtons-nous quelques instants à Barbizon, favorablement irradié par ces énergies bénéfiques.

Barbizon

« Que la lumière est belle à Barbizon ! » ont dû s'écrier bien des artistes venus de la capitale. Elle l'est encore.

En 1840, une épidémie de choléra ravage Paris, et les premiers artistes arrivent à Barbizon. Probablement parce que le train s'arrêtait à Melun.

Bientôt peintres, sculpteurs, écrivains se retrouvent dans ce cadre enchanteur.

L'ancienne auberge du Père Ganne était le lieu de rendez-vous des artistes, qui y prenaient pension. Elle est encore incroyablement imprégnée du « vécu » de ces êtres. Les informations qui se sont greffées sur l'énergie émanent de cette auberge (matériaux, tellurisme...).

Le menhir du Paly

A la limite de Milly-la-Forêt et de Buno-Bonnevaux, la pierre de Paly, en grès dur et silicifié, est incontestablement le plus beau monument mégalithique de l'Essonne. C'est aussi celui dont l'activité est la plus puissante.

Perdu au milieu des champs, ce mégalithe semble veiller sur une invisible compagne. Située à gauche de la ferme du Paly, à 127 mètres d'altitude, elle émerge, selon les saisons, de rayonnants tournesols ou d'ondulants blés dorés.

Le menhir est percé d'un trou énigmatique. Mais, quand on l'observe attentivement, une tête se dessine au sommet de la roche.

Symbole du mâle, fortement chargé d'énergie de polarité positive, le mégalithe est en résonance avec une étrange roche horizontale, recouverte de mamelons, fortement polarisée négativement. Symbole de la femelle et de l'abondance, celle-ci est étendue indolemment parmi les hautes herbes.

Un couple bien harmonieux, mais bien énigmatique.

Une étrange alchimie s'opère entre l'énergie cosmique captée par le menhir-antenne (+) et cette pierre plate conductrice de l'énergie tellurique (—-).

Ces deux pierres permettent une thérapie vibratoire très efficace pour les êtres stressés.

En s'exposant couché, une dizaine de minutes, sur la roche plate, l'organisme se décharge de ses tensions et de son excès de charges électriques de polarité positive. Les énergies se réharmonisent.

Le pèlerin chercheur pourra ensuite se tenir debout, le dos à quelques centimètres du menhir, face au soleil, et entrer en résonance avec l'énergie cosmique.

Il y a aussi la possibilité de se mettre face au menhir, dans l'axe nord-sud (le sud étant derrière soi).

Au bout de quelques minutes, les êtres sensibles et réceptifs sentiront nettement l'énergie les envahir et leur apporter un bien-être intense.

L'important n'est pas de le comprendre ni de le croire, mais de le vivre, dirait le sage.

CES GÉNÉREUX PAYS DE PICARDIE, DE L'ARDENNE ET DE CHAMPAGNE

Le nord-ouest de l'Hexagone recèle quelques hauts lieux discrets, mais non moins puissants, qui semblent être totalement ignorés.

A l'image de leurs habitants, dont la chaleur humaine émane généreusement, ces hauts lieux ont des racines profondes.

C'est au milieu de l'ère secondaire que le socle ancien s'effondre, que la mer envahit cette région, et que la Picardie et la Champagne prennent forme. Les sédiments calcaires s'accumulent et constituent de grandes auréoles de craie.

La Picardie est un pays de plateaux entrecoupés de généreuses vallées verdoyantes, comme celles de la Somme, qui passionnera le pèlerin chercheur en quête d'énergies subtiles.

L'Ardenne, massif primaire de nature schisteuse, éprouvée par un passé historique bien sombre, défavorisée par un climat rude et austère, renferme dans un écrin de nature sauvage un cœur chaleureux de hauts lieux de caractère.

La rencontre de la Semoy et de la Meuse semble produire une magie qui confère à la région de Monthermé, au nord de Charleville-Mézières, un cachet cosmo-tellurique particulier.

La Champagne, quant à elle, est divisée en trois parties :

— la côte du nord, étirant sa ligne de hauteurs couvertes de bois entre la Seine et Reims ;

— la Champagne sèche, ondulant à perte de vue ses vertes étendues cultivées entre les vallées de l'Aisne et de la Seine ;

— la Champagne humide, de sable et d'argile, à l'est de la ligne Châlons-sur-Marne—Troyes.

La côte dénommée « falaise de l'Île-de-France » par les géologues dessine entre la Vesle et la Marne une avancée en direction de la plaine champenoise : la montagne de Reims.

C'est ici que le tellurisme est le plus marqué.

La haute vallée de la Somme
(entre Saint-Quentin et Amiens)

La Somme, qui s'étire paresseusement dans son large val sinueux et verdoyant, bordée d'étangs et de marais qu'elle a modelés dans le plateau de craie, traverse, entre Saint-Quentin et Amiens, une région où il fait bon se régénérer.

Amiens et Saint-Quentin semblent être deux pôles magnétiques entre lesquels s'est établi un champ énergétique intense.

Curieusement, ces deux villes sont, en revanche, déshéritées sur le plan cosmo-tellurique, alors que jadis, elles furent deux centres spirituels importants, comme en témoignent les précieux vestiges du début du millénaire.

Si, sur le plan touristique, la magnifique cathédrale d'Amiens et la très belle basilique de Saint-Quentin attirent les visiteurs de la Picardie, le secteur entre ces deux pôles semble totalement inconnu.

Cette région qui borde la Somme, sans prétention, où le touriste est rare, possède un trésor inestimable : une étonnante capacité de régénération à la disposition des curistes en thérapies cosmo-telluriques.

Une « force tranquille » inonde généreusement les êtres à la recherche des points forts du magnétisme naturel. Un magnétisme régulier, profond, avec trois joyaux vibratoires :

— l'ancienne abbaye bénédictine de Corbie, fondée en 657 pas sainte Bathilde, femme de Clovis II ;

— le plateau d'Athis, où Clotaire Ier, fils de Clovis, possédait un palais dans lequel fut élevée Radegonde, sa future épouse ;

— le menhir de Doingt.

Curieusement, les anciens sanctuaires gaulois et romains ne possèdent plus leur énergie sacrée.

On a découvert une quarantaine de lieux de culte secondaires et six grands ensembles monumentaux : Champlieu ; Vendeuil-Caply (Oise) ; Rouvroy-les-Merles (Oise) ; Ribemont-sur-Ancre (Somme) ; Bois l'Abbé (Eu) ; Marteville.

L'abbatiale Saints-Pierre-et-Paul de Corbie

Corbie, sous les rois mérovingiens, est un vaste domaine royal.

Entre 657 et 661, la reine Bathilde, veuve de Clovis II, qui assure la régence pendant la minorité de son fils Clotaire III, y fait venir de Luxeuil (Haute-Saône) des moines colombaniens qui entreprennent de mettre en valeur les terres et les forêts.

Le monastère ainsi fondé adopte vite la règle de saint Benoît et devient à l'époque carolingienne un des plus actifs foyers de la civilisation européenne et de l'expansion chrétienne.

Sous la conduite d'Adhalard, puis de son frère Wala, tous deux cousins de Charlemagne, l'abbaye royale connaît au IXe siècle un développement extraordinaire.

Tout un peuple d'artisans travaillent pour l'abbaye. Les voyageurs, les pauvres et les malades y sont reçus : chaque jour, on leur distribue 50 pains. Et pour les besoins du monastère, si on tue annuellement 600 porcs, 60 sont pour l'hôpital.

L'abbaye est riche : ses biens, souvent convoités par les seigneurs voisins, s'étendent en Flandre et jusqu'en Alsace.

Pour faciliter le commerce avec l'Orient, le roi accorde un port sur la méditerranée : Fos, près de Marseille, et pour la traversée du royaume, il exempte de tout droit de péage les transports à destination de Corbie.

C'est à cette époque de prospérité que se réalise un projet formé par Charlemagne. Corbie envoie une colonie de ses moines fonder en Saxe, sur les bords de la Weser, la « nouvelle Corbie » : Corvey, un monastère qu'il faudra entretenir pendant de longues années, jusqu'au moment où la communauté saxonne pourra se suffire et étendre son influence sur toute l'Allemagne du Nord et au-delà.

Saint Anschaire partira de Corvey pour évangéliser les pays scandinaves.

Dans le même temps, grande est l'activité intellectuelle de l'école monastique. Paschase Radbert écrit le premier traité de la théologie de l'Eucharistie. Le travail appliqué des copistes, l'art des miniaturistes enrichissent la bibliothèque en précieux manuscrits. Ils sont les créateurs de la célèbre « minuscule caroline », ces caractères d'écriture maintenant universellement connus, qui pourraient fort justement être appelés « écriture de Corbie ».

Et comme, autour de l'abbaye, la population s'accroît et que le commerce prospère, les comtes-abbés, successeurs d'Adhalard, devront fortifier la ville et dresser des ouvrages de défense pour résister aux invasions normandes d'abord, et pour parer ensuite aux dangers des luttes féodales.

Corbie sera l'une des premières cités à obtenir ses libertés communales, et, au temps de Philippe Auguste, ses chevaliers et ses hommes d'armes prendront une part glorieuse à la bataille de Bouvines, en 1214, sauvant le roi, un moment cerné par les troupes ennemies.

Aux siècles suivants, Corbie restera longtemps ville frontière importante. Sa prise par les Espagnols en 1636 causera à Paris la plus vive émotion. Le roi Louis XIII et Richelieu enverront une armée de 40 000 hommes et feront d'immenses travaux d'encerclement pour reprendre enfin la place forte aux Espagnols en novembre. Dans l'histoire nationale, 1636 reste l'« année de Corbie ».

A ce qui suffirait à illustrer une ville, Corbie ajoute sa plus belle gloire : être la patrie de sainte Colette. On conserve le souvenir de sa maison natale (chapelle de la rue Faidherbe), et de ses quatre années de réclusion volontaire (1402-1406) au chevet de l'église Saint-Étienne (chapelle des religieuses franciscaines).

Corbie abritait également, au IXe siècle, des savants, comme Druthmar ou Ratramme.

L'église actuelle est amputée de ses deux tiers : 36 mètres de longueur ; elle en avait 117.

Surprenante, cette petite ville de Corbie, éclipsée par la cathédrale d'Amiens et la basilique de Saint-Quentin.

Une moyenne de 18 unités positives au géodynamètre, et un taux de radioactivité de 60 impulsions par minute démontrent que nous sommes en présence d'un haut lieu cosmo-tellurique.

Les vestiges de la magnifique abbaye émergent tristement de cette cité où l'on a oublié les heures de fastes et de gloire de jadis. En effet, l'attraction violente des villes de Saint-Quentin et d'Amiens sur l'activité touristique sclérose Corbie.

Pourtant, en ce lieu sacré, où la spiritualité a laissé son empreinte indélébile, on semble ignorer la vocation exceptionnelle de cette petite ville.

Au VIIe siècle, 300 moines chantent jour et nuit la

louange perpétuelle au Seigneur, la *Laus perennis*. Encore aujourd'hui, les chants grégoriens semblent jaillir des vestiges de l'abbaye.

Les vibrations de foi et d'amour sont si présentes que l'on est surpris de constater que dix siècles nous séparent de ces heures sublimes.

Seule l'ancienne porte monumentale, place de la République, de l'abbaye rappelle les grandeurs du passé.

Le plateau d'Athis

Le palais dans lequel fut élevée Radegonde se trouve à 10 kilomètres de Péronne, sur le plateau d'Athis.

A Athis, charmant village traversé par l'Omignon, Radegonde fit édifier une maison pour les personnes de l'âge d'or. C'est à cet emplacement que se dresse l'actuelle maison de retraite, à proximité de l'église.

Un beau portail du XIXe siècle, à tympan sculpté, représentant la Nativité et la fuite en Égypte, confère à cette église un cachet mystique d'une rare puissance.

Athis vient soit de « cité lacustre », soit du nom d'un consul romain, affirme l'ancien maire du village, qui a fait effectuer des fouilles sur le plateau.

Une villa gallo-romaine fut mise à jour en 1966, mais des divergences avec le propriétaire du terrain ont fait cesser les fouilles et... recouvrir les joyaux archéologiques découverts.

L'onde de vie est très sereine en ce lieu fortement chargé d'histoire, et l'on ne peut qu'être surpris (ou indigné) de l'évolution des recherches archéologiques. Peut-être Athis protège-t-il ses trésors et le temps n'est-il pas encore venu de les révéler aux impies.

Sainte Bathilde, décédée en 680, née en Angleterre, vendue comme esclave à Erchinoad, maire du palais de Neustrie, plut à Clovis II, fils et successeur du roi Dagobert, qui en fit sa digne épouse.

A la mort du roi, en 657, elle devint régente du royaume pendant la minorité de son fils Clotaire III. Elle multiplia alors églises et monastères. Jumièges et Fontenelle doivent beaucoup à ses libéralités. Corbie est sa plus belle fondation.

En 1647, les religieuses de Chelles (où la sainte s'était retirée) remettront aux moines de Corbie un fragment de la mâchoire de Sainte Bathilde, toujours conservé à Corbie.

Le menhir de Doingt

Autour de ce menhir exceptionnel, érigé en plein champ, au bord d'un ruisseau, rayonnent 28 unités positives d'énergie vibratoire.

La radioactivité est très faible, ne dépassant pas 60 impulsions par minute.

Un lieu thérapeutique destiné aux êtres nerveux et anxieux.

Le menhir de Doingt est un des rares mégalithes de la contrée. Il devait être naguère « connecté » à un réseau de pierres levées aujourd'hui disparu. Néanmoins, il prouve que le lieu avait une vocation cosmo-tellurique.

Cette vocation ne semble pas avoir sombré dans les

oubliettes du temps, et la région entre Amiens et Saint-Quentin est exceptionnellement bénéfique. L'échange énergétique entre les deux pôles — Amiens et Saint-Quentin — est très actif.

Selon la tradition, le menhir de Doingt ne serait autre qu'un caillou que Gargantua aurait vidé de son soulier. Un de ces cailloux que nous avons déjà rencontrés dans les Deux-Sèvres.

Si le merveilleux et le fantastique n'occupent qu'une part restreinte dans la transmission orale, la foi et le surnaturel (miracles, guérisons, superstitions) étaient très présents dans le quotidien :

— les Vierges miraculeuses, comme Notre-Dame-de-Brébières, à Albert, Notre-Dame-de-Liesse, près de Laon, Notre-Dame-de-Montflières..., sont nombreuses ;

— de multiples pèlerinages — la ville d'Albert était appelée la « Lourdes du Nord », les rois de France venaient honorer Notre-Dame-de-Liesse... ;

— le calendrier des fêtes religieuses avait une influence notable sur la vie agricole. A Vimeu, les plantes semées le vendredi saint donnaient des fleurs doubles. A Beaucourt-sur-l'Hallue, mettre une poule à couver le vendredi saint impliquait que les poulets et poulettes auraient leur plumage à l'envers. Lorsque l'on voulait faire couver des œufs, il était préférable de choisir ceux qui avaient été pondus entre deux vierges, 15 août (Assomption), et 8 septembre (nativité de la Vierge) ;

— les pratiques superstitieuses étaient très courantes. Les années bissextiles, dans le canton d'Albert, afin de garder les jeunes veaux en bonne santé, on leur coupait un morceau de l'oreille qu'on jetait dans l'étable en disant : « Pour Bissexte » ;

— la médecine empirique et les saints guérisseurs jouaient un rôle prépondérant. Pour stopper les saignements de nez, il fallait laisser tomber le sang à la jonction de deux fétus de paille disposés en croix sur le sol... Beaucoup d'enfants étaient autrefois atteints de la « maladie du carreau », maladie qui leur durcissait le ventre et qui pouvait entraîner la mort. On avait recours au « marteleur », souvent forgeron, qui plaçait l'enfant sur l'enclume et qui, après avoir fait un signe de croix sur le ventre, avec un lourd marteau, faisait semblant de le frapper à trois reprises... A Saint-Fuscien, à côté d'Amiens, on venait aux tombeaux de saint Victor et de saint Quentin, extraire de la terre par un trou [1]. Elle était censée guérir la fièvre.

Aujourd'hui, sans pratiques particulières, chaque être peut trouver dans cette magique contrée une amélioration de sa santé en s'exposant sur les points forts où le ciel et la terre se rejoignent. Il lui suffit de respecter les lois cosmo-telluriques et d'avoir sincèrement envie d'être mieux, et de ne pas utiliser le prétexte de sa maladie comme une raison d'exister et un motif pour être pris en considération.

Les roches de Monthermé en Ardenne

Situé au cœur de l'Ardenne légendaire, au confluent de la Meuse et de la Semoy, Monthermé se souvient que

1. Y. Brohard et J.-F. Leblond, *Picardie.* G. Altenbach et B. Legrais, *Santé et cosmo-tellurisme,* Dangles.

le mot « Ardenne », d'origine celtique, désigne la forêt et l'illustre de belle façon.

L'impénétrable forêt des Ardennes, qui couvrait une partie de l'Allemagne, de la Belgique, du Grand-Duché de Luxembourg, et étendait ses tentacules jusqu'aux confins de la Champagne, a gardé jalousement le secret de son histoire.

Les rares habitants qui la peuplaient étaient groupés ci et là aux bords de la Meuse et de la Semoy ou dans les solitudes désolées des Hautes-Fagnes, et son impétueux passé n'a laissé que le souvenir de son culte de Diane et du druidisme.

« Mont d'Hermès », « mont Armé », « mont Ermel », l'étymologie du nom de ce sympathique village reste nébuleuse et discutée. Pourtant les formules proposées tirent évidemment leur source de la forêt : soit qu'Hermès, dieu des Voleurs et des Marchands réfugiés dans les repaires forestiers de la contrée, ait donné son nom au pays ; soit que ce nom soit la conséquence directe de l'obligation dans laquelle se trouvaient nos ancêtres pour se mieux défendre contre les pillards ; soit encore que cette appellation vienne du nom d'un évêque du VIe siècle, Ermel.

La région de Monthermé est le paradis des géologues, car elle est située à la limite de deux terrains d'âges différents, quoique tous deux d'ère primaire, le cambrien et le dévonien.

Tous deux sont composés de roches sédimentaires qui ont été déposées par les eaux marines au temps où, bien avant l'apparition de l'homme, elles couvraient la majeure partie de l'Hexagone.

C'est aussi un site privilégié pour le chercheur en

cosmo-tellurisme, car d'étonnantes curiosités naturelles semblent veiller sur cette petite ville qui vit probablement s'éteindre la race des premiers rois francs.

Plusieurs roches imposantes captent les bénéfiques effluves qui interfèrent dans la région :

— la roche à Sept-Heures, éperon rocheux où l'on découvre un splendide panorama sur le méandre qui enserre Monthermé ;

— la Longue-Roche détermine un éperon dominant la Meuse de 140 mètres et permet d'admirer un panorama grandiose.

L'onde de vie de ces roches dépasse 20 unités positives. La radioactivité avoisine les 220 impulsions par minute.

Un sentier des crêtes relie ces deux hauts lieux de la nature : un véritable parcours de jouvence, offrant des vues plongeantes d'une rare beauté.

A quelques kilomètres de Monthermé, d'autres roches non moins impressionnantes et tout aussi favorables surplombent la vallée :

— le roc de la Tour, dans un étonnant site de quartzite ;

— la roche aux Sept-Villages, à la vue magnifique sur les sinuosités de la Meuse ;

— la roche Roma, au panorama exceptionnel ;

— les roches de Laifour, dans le site des Dames de la Meuse, à 270 mètres au-dessus du fleuve, impressionnantes par leur promontoire aigu dont les pentes de schistes tombent à pic vers la Meuse. Les Dames de la Meuse sont cette ligne de crêtes aux pentes abruptes dont le nom viendrait de trois épouses infidèles changées en pierre par la colère divine.

Du sommet de la roche aux Sept-Villages, qui émerge de la forêt, on aperçoit à côté de Château-Regnault la silhouette déchiquetée du magnifique éperon à crête dentelée dit « rocher des Quatre-fils-Aymon », et dont les quatre points de quartzite évoquent les quatre cavaliers de la légende : ici, le fameux destrier Bayard, emportant les quatre fils Aymon, poursuivi par les hommes de Charlemagne, d'une ruade s'éleva au ciel où il mène depuis le chariot de la Grande Ourse.

La Montagne de Reims

La région de Reims est baignée d'une aura spirituelle très cristalline, qui émane des différents hauts lieux de la région.

Le sacré est omniprésent :

– l'abbatiale Saint-Remi, reconstruite aux XIe et XIIe siècles sur l'emplacement de la chapelle Saint-Christophe, où saint Remi fut enterré vers 533 ;

– la merveilleuse cathédrale Notre-Dame, dont la première pierre fut posée au XIIIe siècle. Cette « cathédrale des anges », au célèbre Ange au sourire du portail gauche, renferme un fabuleux trésor : le talisman de Charlemagne contenant un fragment de la vraie Croix, le calice du sacre dans lequel vingt rois communièrent, et plusieurs reliquaires ;

– l'abbaye bénédictine de Hautvillers, fondée au VIIe siècle par saint Nivard, un neveu du « bon roi Dagobert », où le cellérier dom Pérignon « inventa » à la fin du XVIIe siècle le célèbre procédé pour rendre le vin de Champagne mousseux ;

— les nombreuses chapelles et églises de la région.

Une région exceptionnelle, où la mémoire des vibrations des êtres qui ont séjourné à Reims est bien présente : des saints et des archevêques (Sixte, Nicaise, Remi), et les rois, qui se firent sacrer à Reims depuis que Clovis y avait été baptisé, en 496.

La ville de Reims a une très ancienne origine. Née d'une tribu gauloise, les Rèmes, elle devint au début de notre ère le carrefour des voies romaines.

Durocortorum, comme l'appelaient les Romains, comptait 80 000 habitants. La ville devint, du IIIe au VIIIe siècle, une pépinière de saints.

Les constructions et les aménagements modernes ont sensiblement déstructuré le réseau sacré des énergies cosmo-telluriques. Le site le plus favorisé par les vibrations bénéfiques est la Montagne de Reims, où certains points atteignent 30 unités positives.

Couvert de vignes et couronné de bois, le massif de la Montagne de Reims est un plateau calcaire accidenté, couvert de sable ou de raisins les plus estimés, comme le témoignent les marques prestigieuses implantées dans ce secteur.

La Montagne de Reims se compose d'une grande montagne à l'est (Verzy, Verzenay, Mont-Joli) et d'une petite montagne à l'ouest (Ville-Dommange).

La petite montagne est la plus favorisée sur le plan cosmo-tellurique, et particulièrement le mamelon sur lequel est édifiée la chapelle de Saint-Lié, à proximité de Ville-Dommange.

« Ville-Dommange a sa place dans les origines de notre histoire. » Le P. Dorigny, dans sa *Vie de saint Remi,* la compte parmi les apanages de la Couronne, dès le temps même de Clovis ; de là ces expressions des actes royaux et autres, *villa regias, regalis, villa dominica* (Ville-Dommange). Ce prince en fit, dit-on, son séjour, en attendant le baptême, qu'il devait recevoir des mains de l'apôtre des Francs, dans une église d'un faubourg de l'ancien Reims, dédiée à saint Martin (selon l'abbé Chevalier). « Clovis y fit bâtir un palais, le même vraisemblablement que possédait encore Louis le Débonnaire » (*Vie de saint Lié*).

Au début du siècle, un oratoire était consacré à sainte Catherine, dont le culte, au IXe siècle, s'est répandu rapidement en France par suite des croisades. Près du sanctuaire jaillissait une source qui était un but de pèlerinage en l'honneur de la même sainte.

La chapelle de Saint-Lié, située à quelques pas de Ville-Dommange, se cache dans un petit bois qui fut sans doute un bois sacré gallo-romain. Elle est dédiée à un ermite du Ve siècle, saint Lié, originaire du Berry.

La radioactivité du site n'atteint pas 80 impulsions par minute, ce qui est fort compréhensible, compte tenu de la géologie du terrain, constitué d'un épais sédiment crayeux recouvert d'une couche de terre végétale de nature généralement argilo-siliceuse, dont l'épaisseur varie de 20 à 95 centimètres.

Un site sacré, où l'énergie cosmo-tellurique a une amplitude très modulée. Un endroit idéal pour réharmoniser ses corps subtils avec son corps physique : corps, âme, esprit.

Il sera intéressant pour le pèlerin chercheur de visiter la partie est de la Montagne de Reims, où l'énergie, si elle est très puissante, avoisine néanmoins les 23 unités positives.

On passera par Verzenay, dont l'origine remonte à l'époque gallo-romaine.

A Verzy, très ancien bourg vigneron, on se dirige vers le mont Sinaï, au-dessus de la chapelle de Saint-Basle.

Au sommet du mont se trouvait l'ermitage du saint dont le nom était porté par l'abbaye bénédictine fondée au VIIe siècle par saint Nivard, archevêque de Reims. Celle-ci fut détruite en 1792.

ORIGINES DU VIN DE CHAMPAGNE

« L'existence de la vigne en Champagne remonte au temps les plus anciens : des feuilles fossiles qui ont été retrouvées indiquent que la vigne faisait déjà partie de la flore tertiaire de cette contrée et qu'elle était aussi contemporaine de la faune des premiers mammifères.

« La conquête romaine trouva les coteaux riverains de la Marne couverts de vignes, et des légions de Jules César contribuèrent encore à en développer la culture : l'extension en fut même telle que, craignant peut-être la concurrence des vins de Champagne pour les vins d'Italie, redoutant aussi que les soins nécessaires à la vigne ne détournassent les Champenois de la culture des terres à blé ou que les soldats romains n'eussent trop de facilités à s'enivrer et ne pussent garder les portières de l'Empire avec la vigilance nécessaire, l'empereur Domitien, vers l'an 92, ordonna l'arrachage de toutes les vignes qui croissaient en Gaule, et notamment en Champagne.

« Deux siècles plus tard, l'empereur Probus revenait sur cette mesure rigoureuse et occupait ses troupes à la restauration du vignoble aux environs de Reims et de Châlons : “ Spectacle ravissant ”, écrit Dunod dans son histoire des Séquanais, où l'on voyait des habitants de ces coteaux “ ivres de joie... les consacrer religieusement au dieu du Vin, élever même sur leurs cimes des temples agrestes en son honneur... ”.

« D'après certains auteurs, l'arc de triomphe de la porte Mars à Reims aurait ainsi été élevé en l'honneur de Probus par les Champenois reconnaissants de pouvoir, grâce à lui, s'adonner à nouveau à leur culture traditionnelle.

« Le sol de la Champagne livre d'ailleurs encore aux chercheurs de nombreuses poteries ou verreries vinaires d'origine gallo-romaine, notamment des vases bachiques et des verres à boire le vin, de forme allongée rappelant celle des flûtes actuelles, ce qui semblerait indiquer que le vin de cette époque était déjà parfois mousseux.

Extrait de *Le Vin de Champagne*
P.R. WALTZ et M. PUGET.

LA LORRAINE
DE MAURICE BARRÈS

La Lorraine, carrefour de civilisations, terre de souvenirs, possède de nombreuses traces de l'époque préhistorique et de l'époque gallo-romaine.

On trouve ainsi les plus anciennes traces des habitants du paléolithique autour de Nancy, le long de la Meurthe et de la Moselle, et surtout près des roches de Saint-Mihiel, haut lieu cosmo-tellurique exceptionnel.

Habitée par les Celtes jusqu'à l'invasion des légions de César, la Lorraine a vu l'implantation de nombreuses fondations monastiques et la multiplication des lieux de culte au VIIe siècle.

Pays de Jeanne d'Arc, de Stanislas Leszczynski et de Jules Ferry, c'est aussi celui de Maurice Barrès.

« Cet horizon où les formes ont peu de diversités nous ramène sur nous-mêmes en nous rattachant à la suite de nos ancêtres. Les souvenirs d'un illustre passé, les grandes couleurs fortes et simples du paysage, ses monts qui s'enfuient composent une mélodie qui nous remplit d'une longue émotion mystique. Notre cœur périssable, notre imagination si mouvante s'attachent à ce coteau d'éternité. Nos sentiments y rejoignent ceux de nos prédécesseurs, s'en accroissant, et croient y trouver une sorte de perpétuité. Il étale sous nos yeux une puissante continuité des mœurs, des occupations d'une médiocrité éternelle ; il nous remet dans la pensée notre asservissement à toutes les fatalités, cependant qu'il dresse au-dessus de nous le château et la chapelle, tous les deux faiseurs d'ordre, l'un dans le domaine de l'action, l'autre dans la pensée et dans la sensibilité. L'horizon qui cerne cette plaine, c'est celui qui cerne notre vie ; il donne une place d'honneur à notre soif d'infini, en même temps qu'il nous rappelle nos limites [1]. »

La Lorraine appartient à la cuvette du Bassin parisien située entre le massif des Vosges et celui de l'Armorique.

Sa formation géologique est liée à celle du Bassin parisien. Les côtes lorraines où sont situés les hauts lieux proviennent de couches de calcaire alternant avec des couches d'argile et de marne relevées par des mouvements de l'écorce terrestre et attaquées par l'érosion.

Le mot « Lorraine » vient de *Lotarri regnum*, « Lotharingie », c'est-à-dire l'État de Lothaire, suite au partage de l'Empire de Charlemagne entre ses trois fils en 843, lors du traité de Verdun.

Avant ce traité, la Lorraine portait le nom d'« Austrasie » (règne de Clovis).

Le plateau lorrain est réputé pour son climat rude et ses hivers interminables. Jadis, les longues soirées d'hiver étaient égayées de veillées au coin du feu qui apportaient réconfort, et chaleur aux populations rurales.

Ces veillées « versaient de la joie dans les cœurs et

1. *La Colline inspirée*, 1913.

faisaient communier les âmes », affirme Georges L'Hôte [1].

Ces veillées regroupaient une douzaine de personnes de plusieurs familles assises autour de l'âtre ou du poêle. Elles commençaient en général après la Toussaint et duraient jusqu'au Mardi gras. Les femmes y filaient, tricotaient, brodaient. Les hommes devisaient, jouaient aux cartes.

Dictons, proverbes, anecdotes, formules de remèdes secrets, récits concernant des superstitions, légendes, contes facétieux et prières agrémentaient ces chaleureuses soirées. Les flammes dansantes de l'âtre, les recoins de pénombre de la pièce contribuaient à créer une atmosphère de mystère.

Dans certaines régions, le curé du village imposait la prière avant et après les repas.

Bien souvent, le bénédicité était sensiblement remanié, et devenait :

Nous avons assez de monde
Prions le Seigneur
Qu'il n'en vienne plus,

et, après le repas :

Nous vous rendons grâce, Seigneur,
De ce repas,
Que le prochain ne tarde pas
Et qu'il soit meilleur que celui-là.

Le peuple lorrain, très attaché à ses coutumes, à sa tradition et à son folklore, veille jalousement sur ce

1. La Lorraine.

patrimoine culturel pour conserver cette richesse et la transmettre à la jeunesse trop souvent fascinée par les modes venues d'outre-Atlantique.

Les lieux magiques et sacrés de Lorraine sont empreints de cette volonté de survie et sont d'excellents médiateurs pour faire connaissance avec cette contrée trop délaissée.

Les roches de Saint-Mihiel

Adossés aux coteaux de la rive droite de la Meuse, sept énormes blocs de roches calcaires de plus de 20 mètres surplombent l'eau vert émeraude du fleuve.

Ces impressionnantes falaises semblent veiller sur le haut lieu le plus mystérieux de Lorraine. L'onde de vie varie entre 18 et 24 unités positives, et la radioactivité avoisine les 100 impulsions par minute.

Une ligne tellurique longe la Meuse et irradie la ville de Saint-Mihiel et la falaise, dans le sens de la longueur. Cet axe relie la région de Grand et de Domrémy à des hauts lieux de la Belgique.

L'histoire géologique des roches de Saint-Mihiel nous est apportée par O. Leroux.

Les sept roches sont formées d'anciens récifs calcaires construits par les polypiers hexacoralliaires (ou madrépores), noyés dans des débris argilo-calcaires que la mer agitée a arrachés aux récifs lorsque l'assise s'est constituée.

Certains polypiers sont massifs : ou lamelleux, ou en boules. D'autres sont branchus et ramifiés, de grande taille ou plus petits et plus fins. Le type branchu, moins résistant à l'érosion, correspond aux entrailles des roches. Dans l'échancrure de la troisième roche, la Ronde-Flaise, face à Saint-Mihiel, un magnifique polypier étoilé est visible. Le ciment est parfois très fin, calciteux, la micrite, ou plus gréseux et sableux : c'est une arénite. S'il est riche en gros débris, on l'appelle une rudite. Lorsque la colonie massive des polypiers forme un bloc compact, une grosse boule, c'est un bioherme. Plusieurs colonies associées peuvent constituer des biohermes complexes. Une assise de débris de polypiers de quelques décimètres d'épaisseur stratifiée est un biostrome. Des discontinuités locales, visibles parfois dans les assises, correspondent à des arrêts de la sédimentation, avec ou sans érosion locale, parfois marqués par un banc argileux, ou un biostrome, ou une lumachelle (amas de coquilles soudées). D'autres animaux (huîtres, vers polychètes) peuvent aussi engendrer ces colonies.

L'assise calcaire qui englobait les roches s'est formée au début du jurassique supérieur, étage oxfordien (anciens sous-étages argovien et rauracien) dans une mer chaude, agitée, claire, peuplée de récifs répandus dans toutes les bordures des golfes de l'époque, il y a de cela environ cent soixante millions d'années. La genèse des couches a exigé plusieurs millions d'années (de deux à trois).

Le dégagement des roches par la Meuse s'est produit après la seconde glaciation quaternaire (mindel), marquée par les dépôts de graviers siliceux au-dessus des roches. Pendant une phase de grandes crues, en rive concave, les eaux ont affouillé la berge, arrachant les roches les moins résistantes...

Le processus a exigé plusieurs milliers d'années et

s'est produit il y a environ deux cent cinquante mille ans, époque à laquelle des hominiens, du paléolithique inférieur, ont taillé les choppers retrouvés sur la côte de Bar ; ils ont pu voir la Meuse creuser sa vallée actuelle.

En 1914, la sixième roche portait encore la Table du diable (détruite en septembre 1914), que les vieilles cartes postales représentaient.

William Klin, chercheur en mégatopologie cosmotellurique, a effectué des recherches approfondies au sujet des « falaises » de Saint-Mihiel, et il nous livre ses découvertes.

Au fil des âges, elles furent surnommées : les Sorcières, les Sept Péchés capitaux, les Sept Hottes du diable, puis, plus récemment : les Dames de Meuse, ou encore les « falaises de Saint-Mihiel ».

Les Dames de Meuse sont sept roches d'une trentaine de mètres de hauteur (sauf la dernière) bordant la route de Saint-Mihiel-Verdun, sur la rive droite de la Meuse, à la sortie nord de Saint-Mihiel. Elles ont chacune un nom :

1. la roche du Calvaire ;
2. nom perdu (ou volontairement oublié...) ;
3. la Ronde-Flaise. Toutefois, Liénard dit qu'« elle est connue dans le pays sous le nom de la Grosse-Roche, en raison de sa grande dimension » (témoignage de 1884) ;
4. la Roche plate ;
5. le Four du diable ;
6. la Table du diable ;
7. la Petite-Flaise (appellation improvisée).

La roche du Calvaire

« ... Fut creusée d'une grotte afin de recevoir le don de Jacques Steinhof, un Christ au tombeau de grandeur naturelle, dû au sculpteur sammiellois Mangeot, et qu'apportèrent solennellement et processionnellement huit notables de la ville le 12 février 1772.

« Ce Christ étendu, les mains jointes, en un sarcophage orné d'un double rang d'entrelacs, est d'un puissant effet dans la pénombre sépulcrale.

« Un premier escalier conduit au pied de la roche ; un second la contourne et mène au sommet, couronné d'une croix de pierre et d'où l'on jouit d'une fort belle vue sur Saint-Mihiel et la vallée de la Meuse.

« Chaque année, le soir du vendredi saint, la grotte du Calvaire, ornée de feuillages et illuminée, devient le but d'un pèlerinage » (H. Bernard, « Saint-Mihiel », *Revue lorraine illustrée,* 1912).

« ... Était autrefois le but d'une procession le soir du vendredi saint » (N. Schmitt, *op. cit.*, 1976).

« ... A une certaine époque, des lanternes vénitiennes illuminaient les escaliers ; aujourd'hui, une guirlande électrique les a remplacées et une croix illuminée surplombe la roche. Mais cette tradition tend à se perdre et les Sammiellois sont de moins en moins nombreux chaque année à gravir les marches le soir du vendredi saint » *(L'Est républicain).*

Cette roche, qui en vertu du saint sépulcre sammiellois devait avoir une vocation spirituelle, a en réalité des propriétés thérapeutiques réharmonisantes très intéressantes.

L'onde de vie y atteint 20 unités positives.

La deuxième roche

« ... n'a pas de nom spécial » (H. Bernard, *op. cit.*).

Il n'a été relevé aucune anecdote ni tradition se rattachant à cette roche. Elle a la même mesure que la première (20 unités positives), mais semble être un lieu propice à la détente.

La Ronde-Flaise

« ... De forme replète et massive, s'appelle la Ronde-Flaise, corruption locale pour la Ronde-Falaise » (H. Bernard, *op. cit.*).

« La troisième, qui, en raison de sa grande dimension, est connue dans le pays sous le nom de Grosse-Roche, a l'aspect d'un énorme cylindre, dont le diamètre est presque égal à la hauteur, et dont la grande face est traversée de [...] dépressions concaves, lisses et comme polies par l'action des eaux [...] ; un grand chemin circulaire ou de ronde en parcourt le sommet [...] ; à gauche s'ouvre une vaste cavité ovale dite “ refuge ” [...] » (Liénard, *Archéologie de la Meuse,* 1885).

« ... Cet abri [...] date de l'extrême fin du paléolithique, et selon toute vraisemblance a été une simple halte de chasseurs. C'est en tout cas la plus ancienne trace d'habitat en Lorraine. »

« Sur le devant, à 7 mètres au-dessus de la base, on voit une grande empreinte longue de 17,5 mètres, ayant la forme d'une faux ou d'un harpon, connue sous le nom de crochet des oyés : cette empreinte, qui est nette, profondément entaillée et terminée à l'une des extrémités par un crochet accentué, semble remonter à une très haute Antiquité » (Liénard, *op. cit.*).

Un témoignage recueilli chez une ancienne habitante de Saint-Mihiel évoque un « crochet des Fées » (?).

« M. le docteur Ballet a cru [y] reconnaître des empreintes analogues à celles qui ont été relevées dans les Vosges sous le nom [...] de Fer à cheval ; il dit en avoir vu de semblables au Donon, à Saverne et à Sainte-Odile [...]. L'autre face de cette roche, dans le versant de la colline, est également fort curieuse [...] ; on y voit dans le chemin creux ou de ronde qui s'y prolonge deux cavités ayant servi d'abris, et, entre ces deux cavités, trois rangs d'empreintes ou d'entailles profondes, régulièrement disposées les unes au-dessous des autres, et qui sont l'œuvre de l'homme ; nous ne connaissons ni la valeur ni la signification de ces signes » (Liénard, *op. cit.*).

« En 1877, fouilles du docteur Ballet au pied de la troisième grosse roche. Il y découvrit deux abris sous roche, [...] », ainsi qu'un important mobilier (bois de rennes, ossements humains, silex, etc.).

Cette troisième roche, dont l'onde de vie n'atteint que 18 unités positives, est plutôt vouée au développement des facultés psychiques. Elle est à considérer comme une roche magique.

La Roche plate

« La partie supérieure de la quatrième se trouve de plain-pied avec la colline, ce qui lui a valu le nom (tardif !) de Roche plate » (André Dorny, *Légendes lorraines,* 1953), « qui en rappelle l'accès facile » (H. Bernard, *op. cit.*).

« La quatrième roche présente à sa partie supérieure (occidentale) un chemin remarquable en son flanc ; il passe sur la face occidentale et aboutit à une chambre qu'il ne dépasse pas. On ne pourrait y accéder aujourd'hui qu'en y descendant avec une corde » (Liénard, *op. cit.*).

« En 1896, des fouilles effectuées par le docteur Mitour au pied de la Roche plate ont amené d'intéressantes découvertes préhistoriques » (H. Bernard, *op. cit.*), des éléments d'une « industrie » magdalénienne (gravures de têtes de cheval et de mammouth, lames de silex).

Le Four du diable

« Creusé d'un trou assez large dû à une énorme faille, porte le nom de Four du diable » (H. Bernard, *op. cit.*).

« Au sommet de la cinquième roche se prépare une pareille et plus vaste table [que sur la sixième], qui présentera dans quelques siècles le même phénomène lorsque le temps aura fait disparaître la première », c'est-à-dire la Table du diable de la sixième roche (Charles-Emmanuel Dumont, *Histoire de la ville de Saint-Mihiel,* tome 1, 1860).

« Elle présente à la partie supérieure un chemin conduisant à un abri sous roche » (Liénard, *op. cit.*).

La Table du diable

« La plus curieuse des roches de Saint-Mihiel est sans contredit la sixième dont la forme générale est celle d'un cône surmonté d'un guéridon en pierre dit " Table du diable ", mesurant 2,65 mètres de hauteur, 4,35 mètres de diamètre, et faisant corps avec la roche. Cette table, à laquelle on accède par le côté postérieur du rocher, est considérée dans le pays comme ayant servi au culte des druides pour les sacrifices et pour l'immolation des victimes » (Liénard, *op. cit.*).

« Quant à la prétendue tradition suivant laquelle la Table du diable serait considérée dans le pays comme ayant servi au culte des druides pour les sacrifices et pour l'immolation des victimes, je ne l'ai jamais entendu rapporter et ne sais s'il est une seule personne qui en ait connaissance », déclare Léon Max Werly, quelque temps après, dans son *Étude sur les bornes anciennes et examen des monuments mégalithiques du Barrois* (1885).

« Ils étaient réputés, naguère encore, pouvoir, assis sur les nuées, les diriger à leur gré ; à la façon des anciens tempestuaires. On nous a affirmé avoir vu les curés de Woinville et de Buxières remplir cet office, et, quelques années après, à la suite d'un violent orage qui éclata sur sa paroisse, un de leurs confrères voisins, accusé de l'y avoir attiré, faillit être victime de cette idiote imputation » (H. Labourasse, *op. cit.*).

« La sixième, étrangement surmontée d'un champignon de pierre d'une largeur de 2 mètres, est connue sous le nom de Table du diable : c'est à cette table, en effet, si l'on en croit la légende, que Satan, certaines nuits, vient s'asseoir pour présider l'infernal sabbat des sorcières » (H. Bernard, *op. cit.*).

La géologie voit là l'exemple type d'une érosion éolienne différentielle...

Pendant l'épisode tragique du saillant de Saint-Mihiel, la table fut bombardée et détruite en septembre 1914 ; elle gît aujourd'hui, rongée par les pluies, et à demi enfoncée dans le sol, au bas de la roche.

On pense que ce point, situé sur le front allemand, constituait un poste de guet, cible de l'artillerie française du fort des Paroches.

« On remarque plusieurs larges sillons presque horizontaux et à différentes hauteurs qui se répètent sur toutes les roches et sur la même ligne ; ils sont dus à la nature de ces couches, plus tendres que les voisines. L'alternance de la chaleur et de la gelée en détache journellement des parcelles qui, à la longue, ont produit ces dépressions. C'est de la sorte qu'à la partie supérieure de la sixième, beaucoup moins dure, le temps a moulé ce vaste champignon que le vulgaire qualifie de Table du diable, où l'ancien populaire n'hésitait pas à croire que le souverain des Enfers venait festiner pendant la nuit en compagnie de sorciers et d'autres habitués du sabbat [...]. Cette prétendue table mesure, depuis sa base jusqu'à son sommet, 2 mètres d'élévation ; son pied, depuis le rocher jusqu'à la table, a 1,37 mètre, ce qui laisse à celle-ci 63 centimètres d'épaisseur. Son diamètre le plus grand est de 4,50 mètres ; le plus faible, de 3 mètres ; sa circonférence totale est de 11 mètres. Celle du pied est de 3,40 mètres prise en son milieu. [...] Elle ne paraît plus devoir rester longtemps debout, étant fortement rongée à sa base, si l'on n'aide un peu à sa conservation » (C.-E. Dumont, *op. cit.*).

« La sixième, c'est la Table du diable. Son sommet formait autrefois un énorme champignon aplati, une sorte de table ronde où le diable aimait à venir s'asseoir, sans doute pour surveiller ce qui cuisait dans le four de la roche voisine, en attendant de s'en régaler. Pendant la guerre de 1914 à 1918, un obus a détruit la table ; la roche a gardé son nom, mais je ne sais pas si le diable y vient encore » (André Dorny, *op. cit.*).

« A son sommet, on pouvait voir, faisant corps avec le roc, un énorme champignon de pierre, de hauteur d'homme surplombé d'un plateau d'une largeur de 2 mètres » *(L'Est républicain).*

« Un crâne provenant de la sixième roche a été identifié comme étant de la race de Cro-Magnon » (F. Pomarède, *La Vallée de la Meuse, des origines au xe siècle*).

« Les deux principaux caractères de ce crâne résident dans la saillie de l'arcade sourcilière et dans la forme de l'orbite, qui est rectangulaire » (Liénard, *op. cit.*).

Au pied de la roche surmontée (autrefois) de la Table du diable existe une cavité d'où ce crâne, ainsi que des ossements humains, furent découverts.

« La pièce essentielle est un crâne bien conservé, visible au musée de Verdun » (N. Schmitt, *op. cit.*).

« A la base s'ouvre une grotte, ou cavité [...] ; au-dessus et un peu à droite de cette grotte sépulcrale, on voit une série d'empreintes peu apparentes mais de même forme, imitant des tiers de cercles, et ayant l'aspect d'écailles de poissons ou de grandes empreintes d'ongles » (Liénard, *op. cit.*).

On remarque sur toute la surface de la Table du diable, polie par les pluies torrentielles de Lorraine, les restes de petites cuvettes creusées dans le roc, de bassins circulaires qui pourraient faire soupçonner (de plus en plus difficilement, je le reconnais) un caractère cupuliforme et sacré à cette roche.

« La face qui regarde la vallée porte à sa base un four assez profond » (H. Bernard, *op. cit.*).

La Petite-Flaise

Actuellement située dans une propriété privée, et recouverte d'arbres et de mousses végétales « de dimensions plus restreintes, n'a pas d'appellation spéciale : on pourrait l'appeler la Petite-Flaise » (H. Bernard, *op. cit.*).

« La septième ou encore la Petiote, parce qu'elle est moins grande que les six autres... » (A. Dorny, *op. cit.*).

Sorte de plate-forme lisse n'excédant pas de 15 à 18 mètres de hauteur, elle apparaît comme la plus réservée de l'ensemble des roches ; les arbres y poussent remarquablement droit...

Les trois dernières roches ont une vocation « magique », c'est-à-dire de niveau inférieur, comme nous l'avons explicité au début de cet ouvrage. Leur onde de vie ne dépasse pas les 18 unités positives.

N'est-il pas troublant de constater que la particularité

LÉGENDAIRE SAMMIELLOIS
RELATIF AUX ROCHES

« L'imagination populaire éprise de merveilleux et de surnaturel enfanta cette curieuse légende au sujet des Roches.

« A l'époque fort lointaine où la ville de Saint-Mihiel s'appelait Godonécourt, sept méchantes fées, douées d'une grande puissance, résolurent d'engloutir la cité sous les eaux, en précipitant dans la Meuse sept gros rochers pris aux carrières voisines. Le prince Michel, héros dont la fable a chanté les exploits, surgit par bonheur avec son armée : saisies d'une grande frayeur, les fées prirent la fuite et laissèrent tomber sur la rive, où ils sont encore, les rocs meurtriers qu'elles allaient immerger. La cité, depuis lors, se nomma Saint-Michel en souvenir du bon prince, et les roches, toujours debout, sont devenues le symbole de la fidélité de la ville à ses souverains. C'est pourquoi Saint-Mihiel porte pour armes : d'azur à trois roches d'argent, deux en chef, une en pointe, avec la fière devise : *Dones moveantur !* » (Henri Bernard : « Saint-Mihiel », *Revue lorraine illustrée,* 1912.)

cosmo-tellurique des roches de Saint-Mihiel peut être mise en rapport avec les plus anciennes traces des habitants du paléolithique ?

Le passé de Saint-Mihiel est également lié à une célèbre abbaye bénédictine fondée en 709, à proximité de la ville actuelle. Celle-ci fut transférée en 815 sur les bords de la Meuse par l'abbé Smaragde, conseiller de Charlemagne.

L'abbaye fut rebâtie dès la fin du XVIIe siècle par dom Hennezon. Il est extrêmement curieux de constater qu'elle n'est pas construite sur des lignes telluriques majeures, comme le sont la très grande majorité des abbayes et des cathédrales. Cela peut être une « erreur » de choix d'emplacement ou, alors, l'axe magnétique est-ouest a pu éventuellement se déplacer vers le nord.

Le Bois-Chenu

Non loin de l'humble village de Domrémy-la-Pucelle, le Bois-Chenu, où Jeanne d'Arc entendit les voix lui ordonnant de partir délivrer la France et le roi, conserve tout son mystère.

Un paysage ravissant de calme et de douceur attend le pèlerin chercheur en quête d'énergies subtiles.

« Chaque fois que je revois ce lieu, dit Maurice Barrès, de meilleures clartés m'accueillent, et j'imagine saisir des rapports émouvants et vrais entre Jeanne et sa terre natale. »

De très loin, on aperçoit la flèche de la basilique surgissant du Bois-Chenu.

L'onde de vie du Bois-Chenu dépasse allègrement les 20 unités positives — voire atteint + 25 en certains endroits.

Telluriquement, ce secteur est étroitement lié avec Grand (Grannus) et la montagne de Sion, autres hauts lieux sacrés. Le courant tellurique qui relie ces trois points vient de la Forêt-Noire (Baden-Baden), traverse Strasbourg et se dirige vers la forêt de Fontainebleau.

Il est intéressant de constater que la « vitalité » de l'eau de la source, la fontaine des Fiévreux, atteint 22 unités positives. Son point d'émergence a été reporté plus bas lors des travaux de la basilique.

Cette célèbre fontaine continue de couler, tranquillement, à côté du carmel, à quelques pas d'un hêtre planté en 1881, lointain descendant du « Beau May », l'ancien ayant été abattu pendant la guerre de Trente Ans.

La radioactivité est de 140 impulsions par minute. Elle confère à ce lieu un dynamisme intéressant qui en fait un haut lieu sacré d'action.

La basilique de Domrémy est un centre de pèlerinage où environ 300 000 pèlerins ou touristes s'arrêtent chaque année.

La fête officielle de la Sainte-Jeanne-d'Arc est célébrée le deuxième dimanche de mai.

La très belle basilique du Bois-Chenu, bâtie à l'emplacement où Jeanne entendit les voix, date de 1926. Elle remplace une modeste chapelle du XVIe siècle érigée là au milieu des vignes par Étienne Hordal, chanoine de la cathédrale de Toul et arrière-neveu de Jeanne.

Dans la nef, six grandes peintures de Lionel Royer, exécutées de 1910 à 1913, et couronnées au Salon de Paris (grand prix de la peinture historique) retracent l'épopée de Jeanne : la vocation au Bois-Chenu ; l'entrevue à Chinon ; l'entrée triomphale à Orléans ; la bataille de Patay ; le sacre de Reims ; et le bûcher de Rouen.

On ne peut que regretter que ce fantastique haut lieu de l'histoire, de la prière et du cosmo-tellurisme soit pratiquement totalement délaissé sur le plan de l'accueil et des liaisons par autocar.

Il est peut-être intéressant de noter que, de tout temps, selon les chroniques et les légendes, cette région a été « fréquentée » par des Dames blanches. Ce type de manifestation est peut-être lié à la particularité cosmotellurique du site, comme c'est très souvent le cas (voir

G. Altenbach et B. Legrais, Éditions du Rhin, *Lieux magiques et sacrés d'Alsace et des Vosges*).

La « colline inspirée » de Sion

« Il est des lieux où souffle l'Esprit », écrivait Maurice Barrès, en 1915, au sujet de la colline de Sion.

Elle est située dans la partie méridionale du Plateau lorrain.

L'horizon est barré vers le sud par la butte en fer à cheval entre Sion et Vaudémont, qui, du haut de ses 541 mètres, surplombe le Saintois.

C'est une butte témoin de la côte bajocienne, conservée sur une ligne de partage des eaux et en raison de la grande résistance de ses calcaires à polypiers. Les pentes de la butte évoquent par glissements en masse de grands paquets de terrain dans le toarcien argileux [1].

La géologie est très intéressante, et les touristes cherchent sur ce plateau les petites « étoiles » issues de la fragmentation du calcaire à entroques.

Apparue à l'ère secondaire (120 millions d'années), la colline de Sion possède des indices sérieux permettant d'affirmer que l'homme préhistorique avait choisi cet « éperon barré » pour y vivre et y tailler ses outils de pierre.

Au Ier siècle av. J.-C., la tribu gauloise des Leuces avait également choisi ce site pour être l'emplacement d'un important village, et surtout un lieu de culte aux divinités :

1. Jean-Claude Bonnefont, *La Lorraine*.

— Wotan, le dieu du Ciel, d'où viendrait Vaudémont *(mons Wohanis)* ;

— Rosmertha, la déesse de la Fécondité.

Avec l'arrivée de l'occupant romain (50 av. J.-C.), qui probablement pensait s'y établir, et auquel les Leuces firent bon accueil, la colline celtique prit encore plus d'importance :

— un centre militaire fut établi. La tour Brunehaut à Vaudémont serait un vestige de cette époque ;

— un centre commercial s'organisa par les marchés à blé, qui s'y développèrent rapidement, la plaine étant fertile ;

— un centre religieux où le culte des Leuces et celui des Romains se mêlèrent en l'honneur de Rosmertha et de Mercure, dieu du Commerce.

Les traces gallo-romaines de cette période sont nombreuses, comme l'attestent les colonnes, statuettes, pièces de monnaie, objets usuels conservés aux musées de Nancy, d'Épinal et de Saint-Germain-en-Laye.

De ce temps-là, la grande plaine alentour s'appelait alors le *pagus segetensis : le pays du Saintois. Segetes* signifie « moissons ». De là viendrait, semble-t-il, *Seyuntes, Seyon, Seionz,* enfin *Sion.*

On est bien sûr tenté de faire un rapport avec Sion du Valais, en Suisse, autre haut lieu sacré, et la colline de Sion à Jérusalem.

Si à première vue rien ne permet d'en faire le lien, ce sont trois hauts lieux exceptionnels de la planète, où le ciel et la Terre se rejoignent dans une parfaite harmonie.

Au ve siècle, des chrétiens vivaient sur ce plateau, et, depuis le IXe siècle, c'est un but de pèlerinage en l'honneur de la Vierge.

Sur le plan cosmo-tellurique, la colline de Sion est particulièrement intéressante, car, à l'origine, ni apparitions ni miracles ne se sont rattachés à ce site exceptionnel. C'est simplement la vocation spirituelle émanant du site qui a fait sa notoriété.

Haut lieu sacré, la colline de Sion a la forme d'un croissant. Elle mesure 545 mètres au point le plus élevé : le Signal.

Les visiteurs et les pèlerins qui se cantonnent sur le plateau de Sion, cet espace triangulaire bordé d'une allée qui en fait le tour comme un chemin de ronde et sur lequel sont dispersés tous les bâtiments du pèlerinage, ne bénéficient que d'une énergie moyenne qui avoisine les 20 unités positives.

Entre le monument Barrès et le village de Vaudémont, une zone dépasse les 35 unités positives. Il sera très facile aux pèlerins chercheurs de retrouver ce site en se mettant « à l'écoute » du lieu.

En allant de Sion à Vaudémont, on emprunte la corniche Gaston-Canel et l'on passe à proximité du cimetière mérovingien, qui n'est plus visible.

Un peu plus loin, on longe le terrain aux « étoiles » (fragments des tiges pétrifiées des pentacrines qui existaient dans la mer).

Après la croix Sainte-Marguerite, un sentier à droite, vers le milieu, conduit au Saut-de-la-Pucelle, puis on arrive au Signal, le point culminant de la colline.

Au bout de la route : Vaudémont, dont il ne reste que des pans de remparts et de tours, et la ruine imposante de la tour Brunehaut, le véritable haut lieu se situant entre le Signal et le village de Vaudémont.

La légende de la pucelle de Vaudémont

Était-ce au temps du hardi comte Henri III ou à celui du pieux Ferry de Lorraine, seigneur de Rumigny, qui fit donner à Jeanne un beau coursier noir de ses écuries ?

S'appelait-elle Agnès, Isabelle ou Marguerite ? Ce qu'on dit, c'est qu'elle était princesse et que, comme toute jeune princesse de ce temps-là, « hautement vertueuse et dévote », elle aimait se rendre en la petite chapelle de Notre-Dame, à l'autre bout de la colline.

Un soir qu'elle avait bien prié, et que, par la côte et le bois de Plaimont, que l'ombre envahissait, elle s'en revenait au château, sur sa haquenée blanche, elle s'aperçut qu'elle était suivie. Un chevalier l'avait guettée, et, à son allure, elle devina vite quelles louches intentions l'avaient poussé par là. Saisie de frayeur, elle pressa sa monture, mais l'agresseur la gagnait de vitesse.

Alors, de tout son cœur, elle s'écria : « Notre-Dame de Sion, sauvez-moi ! »

Son cheval, aussitôt, quitta le chemin et, par la droite, s'enfonça dans la sombre futaie. Mais la futaie, à cet endroit, s'arrête soudain au bord d'une falaise abrupte. Le cheval n'hésita pas, il se lança dans le vide et, 80 mètres plus bas, marqua ses quatre fers sur la dalle d'un rocher qu'on a pu voir longtemps dans les broussailles, mais qui a, hélas ! disparu.

Puis, à travers le vallon de Sainte-Catherine, sautant le ruisseau des Antes, et par le chemin de la Sausotte, il continua sa course jusqu'aux remparts de Vaudémont, où il pénétra sans doute par la porte du Ratel, à côté de la fontaine de la Tante-Amon.

Le chevalier, lui aussi, s'enfonça dans la futaie, et, arrivant au bord du précipice, il se préparait à bondir à la poursuite de sa proie. C'est alors que la Vierge Marie ramassa dans le ciel une poignée d'étoiles que la nuit tombante venait d'allumer et les jeta dans les yeux du cheval. Aveuglé, celui-ci se cabra et tourna bride.

L'endroit s'appelle toujours le Saut-de-la-Pucelle. Vous en connaissez sans doute bien d'autres à travers la France. Ici, sa légende s'est modifiée au cours des siècles, pour devenir aussi la légende des « petites étoiles de Sion ».

N'est-ce pas depuis ce soir-là qu'on les trouve par myriades dans le sol de la colline ?

Grand

Grand, centre antique de la guérison du corps, de l'âme et de l'esprit, se situe à l'extrême ouest du département des Vosges.

D'importantes découvertes archéologiques ont été effectuées dans ce site occupé depuis l'aube de la vie. Les travaux de nombreux archéologues, historiens, sociologues et chercheurs convergent vers une seule et même conclusion : depuis la plus haute Antiquité, Grand fut un important centre de guérison.

Un épais mystère plane sur Grand.

Pourquoi avoir choisi ce plateau déshérité, couvert d'épaisses forêts, au climat rude, balayé par les vents, à l'écart des principaux axes routiers et commerciaux et, de surcroît, dépourvu d'eau ?

L'explication de cette énigme nous est fournie par le réseau des énergies telluriques qui s'enchevêtrent à Grand et confèrent à ce lieu, à la fois magique, thérapeutique et spirituel, une onde de vie exceptionnelle.

En effet, l'équilibre cosmo-tellurique de Grand est absolument parfait. Le magnétisme naturel généré en ce site est très puissant.

Nous avons reporté sur un plan les différents axes magnétiques avec leur spécificité magique, thérapeutique ou spirituelle, et avons eu l'agréable surprise de constater que les points forts correspondaient pour la plupart aux découvertes ou aux suppositions de l'archéologue responsable des fouilles de Grand.

En superposant les deux plans, nous avons la preuve que les Anciens n'avaient pas choisi ce lieu par hasard.

Outre la Gaule, d'autres civilisations se sont illustrées dans cette insolite science qu'est la médecine psychosomatique, notamment la Grèce, l'Égypte et l'Inde.

Épidaure et Pergame avaient acquis une réputation mondiale à cause de l'efficacité de leur thérapeutique, identique à celle de Grand. Les vestiges de ces lieux présentent les mêmes particularités subtiles et la même intensité vibratoire que Grand.

Ces centres de cure se plaçaient sous le haut patronage d'Asclépios, dieu de la Médecine psychosomatique.

Homme-dieu né de la légende, Asclépios utilisa pour ses guérisons l'élément de vie de la Gorgone, dont le regard hypnotique figeait à mort les hommes qui osaient le soutenir. Il usa aussi des fantastiques vertus d'une plante qu'un serpent lui avait fait découvrir.

Mais Hadès, le dieu des Enfers, irrité par ces miracles, foudroya Asclépios. Néanmoins, le spectre du dieu continue de provoquer des guérisons miraculeuses en ses temples.

Les archéologues du XIXe siècle ont rapproché « Grand » de *Grannus,* nom d'une divinité solaire, dieu guérisseur dont le culte était répandu en Scandinavie et en Gaule du Nord-Est.

Le dieu Grannus fut assimilé à Apollon. Au fur et à mesure des fouilles archéologiques, il se confirma que Grand-*Grannus,* installé au milieu d'impénétrables forêts, a vraisemblablement été, depuis les temps les plus reculés, un lieu sacré très connu.

On a découvert à Grand une importante mosaïque qui faisait partie de la basilique. Il est étrange, mais peut-être révélateur, de faire un rapprochement avec la mosaïque des thermes de Caracalla, à Rome, qui comporte le même motif.

Les fouilles ont mis à jour un hypocauste surmonté d'un pavement de dalles carrées de diverses couleurs qui paraissent avoir appartenu au bâtiment public abritant les thermes de la ville antique de Grand. Il n'existe pas de source à l'intérieur du village de Grand et il est fort probable qu'il n'en a jamais existé.

Le sous-sol de Grand est parcouru d'un important réseau de canalisations soigneusement maçonnées et étanches qui auraient pu apporter l'eau à Grand par un aqueduc.

La thérapeutique sacrée de Grand est fondée sur une

cure de sommeil, l'« incubation », une forme d'hypnose occasionnée par les vibrations cosmo-telluriques. Cette thérapeutique consistait probablement en rites purificateurs, bains, jeûnes, offrandes et sacrifices.

Selon la gravité du cas, le malade était admis à passer une ou plusieurs nuits dans des portiques-dortoirs sacrés du temple.

Le patient tombait en léthargie et son subconscient se purifiait en ces lieux magiques (une forme de dépollution du mental). Plantes, tisanes et macérations complétaient évidemment le traitement.

Le malade se réveillait dégagé des maux de son corps et de son âme, pourvu de directives (reçues en rêve, lors de l'incubation) pour sa vie future et rechargé en énergies vitales.

En 309, Constantin, à l'exemple de bien d'autres pèlerins-curistes illustres (comme l'empereur Caracalla), est venu bénéficier à Grand de cette surprenante thérapeutique vibratoire.

Grand livrera peut-être prochainement son secret, car il est prévu d'effectuer des fouilles près de l'église où se situerait le temple sacré.

Les mesures au géodynamètre atteignent à cet endroit 35 unités positives.

L'ALSACE MYSTÉRIEUSE
ET LES VOSGES SPIRITUELLES

L'Alsace et les Vosges, terres riches de souvenirs et de traditions, sont également des terres magiques et sacrées bénies du ciel.

Les épaisses forêts des Vosges protègent certains sites étranges, souvent peuplés, selon les récits populaires, d'êtres surnaturels dont l'origine serait antérieure à l'époque préceltique.

Ce n'est pas par hasard que les Celtes ont choisi d'élire domicile il y a plus de trois mille ans dans cette région, d'ailleurs profondément marquée par leur passage.

Le nom des Vosges dérive de *Vogesus,* nom d'un dieu celte. A ce titre, la forêt de Haguenau, au nord de Strasbourg, abrite près de 500 tertres funéraires préceltes.

De nombreux lieux de culte ou de refuge subsistent en Alsace et dans les Vosges, tel que le Mur païen sacré du mont du site Sainte-Odile, qui représente le plus grand monument mégalithique d'Europe, les étranges et gigantesques rochers du massif du Taennchel, et plusieurs dizaines de châteaux forts.

L'histoire mouvementée et les différentes destinées de l'Alsace ont probablement un rapport direct avec la géologie très particulière de cette région.

L'Alsace et les Vosges, troisième axe de force, après la région du puy de Dôme et la Bretagne, du triangle stabilisateur de l'Hexagone, est une région thérapeutique et sacrée où il existe de nombreux lieux magiques.

Les montagnes des Vosges sont particulièrement propices à la méditation et à la guérison.

Il est vrai que depuis des millénaires ces mystérieuses montagnes sont un lieu de culte imprégné de spiritualité.

Les adeptes de la méditation nous confirment souvent que la communion et la communication sont nettement plus intenses dans les lieux recensés comme étant des hauts lieux cosmo-telluriques.

Histoire géologique de l'Alsace et des Vosges

Avant d'aborder le chapitre de l'histoire géologique de l'Alsace, imaginons quelques instants la plaine d'Alsace d'il y a quelques centaines de milliers d'années.

La mer méditerranée s'étendait de la Scandinavie jusqu'à l'Afrique saharienne, et avait pour rivage les hautes Vosges cristallines.

L'homme n'allait « apparaître » que bien plus tard.

Sur le plan géologique, l'Alsace est pourvue de roches de presque tous les âges. Certaines datent de six cents à sept cents millions d'années. Les schistes de Villé, grandes lamelles à l'aspect lustré ou satiné, sont visibles derrière le petit village de Saint-Martin.

Les formes actuelles du relief sont dues au relèvement tertiaire du bloc des Vosges et de la Forêt-Noire, qui s'est scindé par dislocation le long des failles et par l'effondrement de la partie centrale : la plaine d'Alsace.

L'érosion, les glaciations du quaternaire ont modelé des marmites glaciaires (en aval du lac du Ballon), des cirques glaciaires (Martinswald), des cascades (Tendon), des rochers isolés (Tanet) et, suivant la nature des roches, les ont façonnés parfois de la manière la plus étrange et la plus fantastique.

La main de l'homme a ici et là achevé l'œuvre de la nature à sa façon, en sculptant ces roches.

C'est pendant l'ère précambrienne (avant l'âge primaire), il y a un milliard d'années, que s'est effectué le plissement pentévrien, puis le plissement de la chaîne assyntienne ou cadomienne. Estimés à environ six cents millions d'années, les schistes de Villé (phyllades) sont considérés comme faisant partie des roches les plus anciennes d'Europe. Ces schistes présentent de grandes lamelles de séricite et se localisent en une large bande allant d'Andlau à Saales.

A l'ère primaire, du plissement de la chaîne calédonienne, vers quatre cent trente millions d'années, subsistent des schistes ardoisés, rouge violacé, parfois tachetés de flammes verdâtres ; ce sont les schistes de Steige.

Entre trois cent quarante millions d'années et deux cent quatre-vingts millions d'années s'effectue le plissement de la chaîne hercynienne. Lors de l'époque carbonifère se forme la houille, par décomposition de la flore à l'abri de l'air et sous l'influence des micro-organismes.

L'ère secondaire est l'ère de la formation (par les

boues de sable qu'ont déposées les cours d'eau) du grès vosgien formé de grains de quartz rose. Le grès atteint une couche de 300 mètres au Dabo et de 200 mètres au mont Sainte-Odile.

L'ère tertiaire voit la naissance de l'Alsace :

1) relèvement du bloc des Vosges et de la Forêt-Noire ;

2) le long des failles, ce bloc est scindé par dislocation ;

3) effondrement de la plaine du Rhin.

Pendant l'ère tertiaire se forment l'argile de la région de Soufflenheim et la potasse d'Alsace, qui est un mélange de chlorures de sodium et de potassium. Dans les lagunes s'effectue la formation de pétrole (Pechelbronn), roche liquide issue d'algues et de petits animaux marins ayant subi une transformation anaérobie.

Pendant l'ère quaternaire, le relèvement et la cassure Vosges-Forêt-Noire s'accentuent. C'est la période du plissement alpin.

Dans la plaine se constitue le loess, couverture argilo-calcaire qui assure la fertilité de la plaine d'Alsace. Le loess qui s'est déposé durant les périodes froides du quaternaire est une formation éolienne (par le vent).

C'est à partir d'une végétation aquatique que s'est formée la tourbe (tourbières des Vosges ou au nord de Strasbourg).

L'analyse pollinique des tourbes recueillies dans certaines vallées permet de reconstituer une végétation de toundra glacée, de forêts de pins et de bouleaux des régions bordant l'Arctique.

L'Alsace, par sa position sur une faille sismique, a été secouée de nombreuses fois au cours de l'histoire par des tremblements de terre. De nos jours encore se manifestent parfois des secousses telluriques.

Une faille sismique provenant du Massif central traverse l'Alsace et rejoint la Norvège.

Un courant tellurique venant du Tyrol se divise à Bâle pour continuer vers le nord, en passant par l'Alsace, et vers l'ouest, la Bretagne, en passant par la trouée de Belfort.

C'est principalement l'interférence entre la faille sismique et le courant tellurique qui prédispose l'Alsace et les Vosges à cette vocation de haut lieu cosmo-tellurique.

Les eaux guérisseuses de Plombières

Loin des pollutions des villes, Plombières, situé à faible altitude, offre un climat tempéré dans un cadre largement boisé, baigné d'air pur et en parfaite harmonie avec les lois cosmo-telluriques.

Plombières se trouve au sud-ouest du massif granitique des Vosges, au contact des roches cristallines et de leur couronne externe des Vosges gréseuses.

Cette station, dotée d'une cinquantaine de sources, dont certaines atteignent une température naturelle de 80 °C, doit son origine à un accident géologique.

Une faille thermale nord-ouest/sud-est traverse perpendiculairement le granite de l'Ange de l'Avyronne et engendre cet heureux phénomène.

Les eaux de Plombières se caractérisent, sur le plan chimique, par leur teneur « oligo-métallique » et par leur faible minéralisation. Le total des substances dissoutes est compris entre 0,10 et 0,35 gramme par litre. Elles possèdent une radioactivité naturelle de 4 à 6 millimicrocuries, accompagnée de gaz rares. Cette radioactivité des eaux minérales baisse très vite après leur sortie du griffon, cela s'explique par la présence de dérivés sous forme gazeuse, du type radon, qui s'échappent dans l'atmosphère. Les eaux de Plombières contiennent des quantités très faibles d'uranium naturel, qui se situent largement au-dessous des seuils de nocivité admis sur le plan biologique en cas d'utilisation humaine.

L'intérêt de la radioactivité est son efficacité dans le traitement de certains rhumatismes douloureux et son effet sédatif. Une des caractéristiques des eaux de Plombières est leur onctuosité au toucher. C'est un phénomène qui n'a pas encore trouvé d'explication.

Elles font partie des eaux les plus fluorées de France. Sur le plan de la bioélectronique, la résistivité des eaux est très élevée : 3 250 ohms à + 18 °C.

Le débit des eaux thermales de Plombières est de 610 mètres cubes par jour.

D'après les bijoux celtiques découverts à Plombières, cette ville d'eaux serait une antique bourgade préceltique du nom de *Plomem Birvi.*

Selon la légende, l'une des neuf vierges de l'île de Sein fut surprise en flagrant délit de viol de sa foi et de son vœu, en compagnie d'un jeune Armoricain beau comme un dieu. Elle fut condamnée à être brûlée vive.

Pendant les préparatifs du supplice, son amant, déjouant la vigilance des gardes, vint la délivrer. Ils s'enfuirent vers l'est et traversèrent ainsi la Gaule dans sa largeur. Après de longs mois de marches harassantes, ils arrivèrent péniblement aux montagnes du dieu Vogesus, couvertes d'épaisses forêts. Après avoir encore marché plusieurs jours, les fuyards se trouvèrent au-dessus d'une étroite vallée du fond de laquelle ils virent avec surprise s'échapper des vapeurs bouillonnantes. Le jeune amant, effrayé, s'imagina apercevoir les limites qui séparent le monde terrestre du monde infernal, mais sa compagne, initiée en sa qualité de prêtresse aux secrets de la vie et de la nature, voulut pénétrer les secrets de ce phénomène.

Suivie de son amant terrorisé, la druidesse descendit hardiment dans la vallée.

Ils aperçurent alors, non loin d'un ruisseau qui faisait entendre un bruyant murmure, une vaste mare d'eau chaude animée de gros bouillons, d'où s'échappait la masse des vapeurs qu'ils avaient aperçues du haut de la montagne.

Ils décidèrent d'élire domicile auprès de cette source insolite, dont les émanations magiques les protégeraient des poursuivants. Ils bâtirent une petite hutte et savourèrent en toute quiétude leur bonheur.

Ils eurent beaucoup d'enfants, qui se multiplièrent et peuplèrent la paisible vallée.

Les propriétés bienfaisantes des eaux thermales attirèrent beaucoup de monde en cette bourgade, appelée *Plomber,* « eau chaude ».

La base du traitement par les eaux de Plombières consiste en bains, pris en baignoire ou en piscine.

Des douches normales ou surpressées complètent cette thérapeutique, ainsi que les étuves, sous forme générale ou locale. Elles ont un bénéfique effet sédatif, obtenu par la radioactivité de type gazeux des eaux minérales.

Certaines sources d'eau froide permettent l'absorption par voie buccale.

Une cure à Plombières est une thérapeutique sans danger et peut être pratiquée sur les sujets d'un certain âge.

Mais la cure thermale est un acte médical complexe qui nécessite que tout curiste soit suivi pendant son séjour par un médecin particulièrement informé des techniques qui sont pratiquées à l'établissement thermal, afin de donner une efficacité maximale à la cure.

Les eaux sont recommandées pour le traitement des maladies du tube digestif, des rhumatismes, des troubles gynécologiques, des névralgies et des dérèglements du système neuro-végétatif qui sont souvent à l'origine de nombreuses affections. L'efficacité de cette thérapeutique fondée sur les eaux minérales est accrue par l'environnement très propice à la guérison.

L'onde de vie de Plombières dépasse 20 unités positives.

L'eau de Plombières est chargée de magnétisme naturel produit essentiellement par le courant magnétique en provenance du Tyrol.

Celui-ci continue sa trajectoire vers la Bretagne après avoir heurté le granite du sud-ouest du massif vosgien. Ce phénomène produit un éclatement des énergies, que l'on retrouve dans l'eau des stations thermales de Plombières, et à un degré moindre dans celles de Luxeuil et de Bains-les-Bains.

Le mont Sainte-Odile, « mont Lumière »

Au sud-ouest de Strasbourg, le site sacré du mont Sainte-Odile, haut lieu de l'histoire et de la nature, est également un des hauts lieux vibratoires les plus puissants d'Europe.

Le sommet du mont Sainte-Odile est occupé par une ancienne abbaye. C'est le centre de pèlerinage le plus important de l'est de la France. Il est dédié à Sainte-Odile, la patronne de l'Alsace.

Une énigme demeure, car la chronique ancienne du mont rapporte l'existence d'un temple païen, elliptique, se dressant sur l'emplacement de l'actuelle cour intérieure des bâtiments monastiques.

Une gravure du XVIIe siècle atteste l'existence, jadis, d'une chapelle ronde portée par six colonnes de pierre qui auraient très bien pu être les vestiges d'un temple païen, lui-même éventuellement entouré de cromlechs.

Serions-nous en présence d'une réplique parfaite du temple de Stonehenge, en Grande-Bretagne ?

Étrange destinée de ce haut lieu, anciennement mont Alcitona, qui, au milieu du VIIe siècle, vit naître au château de Hohenbourg, à l'emplacement de l'actuel couvent, une petite fille aveugle : Odile.

Sa mère, la duchesse Bereswinde, belle-sœur de Childéric, après avoir été longtemps stérile, fut profondément peinée de ne pas donner un héritier au duc, et de surcroît d'accoucher d'une enfant atteinte de cécité.

Le duc Adalric, réputé pour sa rudesse et ses mœurs

barbares, en apprenant cette fâcheuse nouvelle, preuve d'une malédiction divine, devint fou de rage. Il décida de tuer le nouveau-né devenu doublement sa honte. La duchesse confia le bébé à une nourrice d'un petit village des Vosges qui, au péril de sa vie, le dissimula chez elle.

Adalric, ayant eu vent de l'affaire, se mit à la recherche de l'enfant, mais celle-ci fut confiée au couvent de *Palma,* le Baume-les-Dames d'aujourd'hui.

Les années passèrent, et, une nuit, l'oncle d'Odile, l'évêque de Rastisbonne, en Bavière, reçut l'ordre, en songe, d'aller baptiser l'enfant.

Dès que le front de la fillette aveugle fut au contact de l'eau baptismale, miracle ! Odile recouvra la vue.

Le duc Adalric fut mis au courant mais refusa obstinément de revoir sa fille, malgré les intercessions de la duchesse, devenue entre-temps mère de plusieurs garçons.

L'un d'eux, Hugues, enfreignit la volonté paternelle et ramena sa sœur au château. Le duc, dans un effroyable accès de colère, tua son fils.

Tenaillé par les remords, Adalric ne renvoya pas la jeune fille mais décida de la marier avec un des nombreux prétendants éblouis par la grande beauté d'Odile. Désireuse, toutefois, de consacrer sa vie à Dieu, celle-ci s'enfuit du château.

Poursuivie par les gardes de son père, elle dut son salut à une roche qui, grâce à la ferveur de ses prières, s'entrouvrit pour la protéger. Le duc, ému par ce signe du ciel, fit don du château de Hohenbourg à Odile, afin qu'elle puisse accomplir son œuvre et fonder un monastère.

Odile devint la première abbesse du couvent, qui compta 30 moniales. Elles se nourrissaient très modestement et dormaient sur une peau d'ours avec une simple pierre en guise d'oreiller.

Un jour, la sainte abbesse apprit que son père venait de mourir. Elle pria inlassablement en pleurant pour le salut de l'âme du duc et sa délivrance du purgatoire.

Au fil des années, la dalle sur laquelle s'agenouilla Odile s'usa peu à peu à l'emplacement des genoux, on peut en voir les traces dans l'actuelle chapelle des Larmes.

Jadis, les moniales recueillaient de l'eau de la source pour la porter dans la cupule creusée dans le sol de la chapelle. Les pèlerins trempaient leurs doigts ou leur mouchoir dans l'eau et s'en frottaient les yeux pour bénéficier des vertus guérisseuses. Cette pratique « païenne » à la fin du XIXe siècle fut supprimée.

La sainte, qui aimait prier et méditer dans la profonde forêt entourant le couvent, rencontra un jour un vieillard assoiffé et malade, gisant sur le sentier. Nul point d'eau ne se trouvant à proximité, Odile fit jaillir une source claire pour abreuver le malheureux. Il en but et fut bientôt guéri.

Aujourd'hui, une grille protège cette source bienfaisante pour les personnes souffrant de troubles oculaires. Situé en contrebas du couvent, l'endroit reçut le nom de fontaine Sainte-Odile.

Il est recommandé de se laver les yeux avec cette eau miraculeuse mais, compte tenu de sa composition, de ne pas en boire trop.

Un laboratoire suisse de produits homéopathiques et un laboratoire allemand de produits diététiques viennent s'approvisionner régulièrement avec un camion-citerne.

Au cours de l'hiver 720, Odile s'éteignit dans la chapelle Saint-Jean. Toutes les cloches de la contrée se mirent alors à sonner d'elles-mêmes.

Ce haut lieu vibratoire, dédié à la patronne et protectrice de l'Alsace, occupé par l'homme depuis l'aube des temps, recèle plusieurs chapelles et une terrasse offrant une vue exceptionnelle de la plaine et des Vosges. La chapelle des Anges, située à l'extrémité du promontoire, et dont les mosaïques éclatantes d'or évoquent des symboles chrétiens, est liée à une périlleuse tradition : les jeunes filles désireuses de se marier venaient en faire trois fois le tour en pensant à l'élu de leur cœur. Elles étaient assurées d'être épousées dans l'année. Un éboulement a mis fin à cette pratique acrobatique.

Le couvent abrite une hôtellerie où les pèlerins peuvent effectuer un séjour assurément bénéfique sur tous les plans.

A l'extérieur de ce haut lieu de la prière, d'innombrables possibilités de promenade et de découvertes sont offertes aux visiteurs et aux chercheurs.

La profonde forêt, l'enivrante odeur sécrétée par les pins baignés de soleil ajoutent une note insolite au titanesque mur païen et à l'énigmatique grotte des Druides.

L'enceinte, depuis toujours, fut un espace de choix. Elle fut tour à tour sacrée, militaire, refuge et lieu de pèlerinage et de lumière pour l'histoire et la spiritualité.

Ce haut lieu tellurique fut choisi et édifié par des initiés, êtres qui savaient sonder cette terre et la faire se révéler aux profanes. Les effluves bénéfiques et régénérateurs de ce tellurisme, évalué à 22 unités positives sur l'ensemble du plateau, amplifient les facultés physiques, guérisseuses ou spirituelles de chacun, selon ses aspirations et ses prédispositions. Quelques points plus intenses dépassent 30 unités positives.

Premier pas de recueillement en ce lieu où l'homme doit se repenser en fonction du temps, de sa vibration propre et de celle du pouvoir divin, qui est celle de l'évolution cosmique. Dans ce lieu choisi par les Celtes, les Romains, les Mérovingiens, puis par les pèlerins d'aujourd'hui, l'homme se réapprend, se découvre et s'unit dans un même élan.

Plus de mille cinq cents ans avant l'ère chrétienne, les Celtes et leurs sages précurseurs du druidisme reconnurent qu'en certains endroits les courants telluriques étaient plus intenses dans leur vibration, de sorte que les hommes et les animaux les percevaient par instinct et intuition, et qu'ils venaient s'y rassembler.

En ces lieux, les ancêtres tels que les Celtes élevaient de frustes monuments de pierres brutes, menhirs, dolmens, monuments mégalithiques, révélateurs des forces souterraines.

L'érection de ces monuments fait partie d'un savoir et d'une technique que détenaient les précurseurs des druides...

Pour célébrer leurs offrandes au dieu Belen, divinité solaire, ils érigeaient un simple autel : deux pierre à la verticale avec une pierre très large posée dessus.

D'autres monuments servaient aussi de caveau circulaire, tête au centre, pieds vers l'extérieur en forme de roue, symbole du Soleil.

Dans la liturgie druidique, on exigeait que les dolmens soient faits d'une pierre brute, non façonnée, posée sur deux pieds, car il est dit dans les triades de la révélation de Taliesin : « Vous n'élèverez point d'autel en pierres taillées... Vous n'adorerez point d'image sculptée... Vous prierez dans les temples par moi-même créés. »

Leur temple, c'était la divine nature, les forêts, les chênes, les grandes clairières.

Dans l'enceinte du mont Sainte-Odile, on retrouve les traces d'un oppidum gaulois et celles d'une citadelle romaine et d'un *castellum.* Sans doute les pèlerins venaient-ils honorer Rosmertha, déesse des régions de l'Est. Sainte Odile hérita des vertus successives et accumulées de ce paysage et de ses passagers.

L'enceinte sacrée : le Mur païen

C'est un spectacle grandiose qu'offrent aux visiteurs du mont Sainte-Odile les falaises colossales en grès rose composant ce Mur aux blocs énormes qui forment une ceinture de force, comme un souverain protecteur des lieux.

Beauté saisissante aux dimensions surnaturelles, où l'homme et la nature ont su s'harmoniser prestigieusement pour accomplir ce chef-d'œuvre d'architecture cyclopéenne.

Quels étaient ces bâtisseurs au savoir et à la maîtrise surprenants, pour nous laisser un tel legs architectural, de plusieurs millénaires, témoignage d'un passé hautement civilisé ?

Ce type d'architecture, nous le retrouvons en plusieurs points de notre planète, et l'aspect qu'offre le Mur païen n'est pas isolé : en Grèce, à Mycènes, quelques murs en ruine, aux blocs volumineux, dont la porte permettant l'accès à la citadelle est restée intacte, ornée d'un bas-relief représentant des lionnes ; au Pérou, à Cuzco, dont l'enceinte est faite d'énormes blocs polygonaux, échelonnés, où ne passerait pas même la pointe d'un couteau.

Ce ne sont pas l'œuvre de simples « primitifs », mais bien le résultat d'un courant civilisateur qui avait su prendre le pouls de la planète en cet endroit, de façon à pouvoir en faire un haut lieu jusqu'à nos jours.

Réalité et contraste frappants pour le visiteur d'aujourd'hui, né d'une société aux matériaux fragiles, dans ce face-à-face avec les dimensions surprenantes de ce Mur païen fait d'énormes blocs de grès dont l'épaisseur varie de 1,20 mètre à 2 mètres (primitivement, la hauteur était de 4 à 5 mètres et formait une masse d'environ 40 000 m^3 de pierres).

Gigantesques travaux d'Hercule, quand on sait que ces blocs pesaient plusieurs tonnes et étaient reliés entre eux autrefois par des mortaises en bois en queue d'aronde.

Autant de points d'interrogation. Que d'énigmes sur l'histoire de ce spectaculaire Mur païen, qui doit son nom au pape Léon IX, Alsacien du XIe siècle, qui avait de nombreuses attaches avec le couvent.

Si aujourd'hui nous remercions l'ingéniosité du temps d'avoir su préserver une partie de cet héritage du passé, il est fort regrettable que les époques antérieures n'aient pas su le conserver dans son intégralité, permettant qu'on lui chaparde quelques blocs ici et là pour en faire des châteaux forts ou quelque édifice religieux.

Sur l'ensemble du plateau apparaissent de nombreuses roches qui ont été considérées par certains comme des lieux de culte ou des autels consacrés aux divinités, comme ce fut le cas probablement pour ce fameux dolmen appelé grotte des Druides, avec ses trois blocs de pierres de grandes dimensions, assemblés en forme de table.

A proximité, une galerie couverte semble rejoindre le Mur païen. Nous l'appelons « couloir dolménique », un terme mégalithique. Cette table est proche du Mur païen, aux abords ouest, à dix minutes du couvent, ombragée par quelques résineux, des hêtres et des fougères.

Un banc a été installé face à l'ouverture. On peut s'y reposer un bon quart d'heure, son énergie est profitable aux êtres à la recherche de paix intérieure. Nous le situons à 24 unités positives.

L'origine de ce site remonte bien avant l'ère du christianisme, donc à une époque préceltique.

Cet édifice naturel serait-il la marque d'un culte rendu au dieu Vogesus ? Le pèlerin chercheur découvrira au fur et à mesure de sa promenade le spectacle grandiose de ces roches, qu'elles soient façonnées par des forces érosives ou géologiques. Toutes, cependant, ne sont pas d'origine naturelle, quelques-unes furent façonnées par la main de l'homme.

Certains dolmens placés sur les courants telluriques servaient de tables à messages par télépsychie, ou même par coups frappés sur la pierre. Ce message diffusé sur la ligne de courant pouvait être capté par l'intéressé. C'est pourquoi César, dans ses *Commentaires sur la guerre des Gaules,* s'étonnait toujours de voir les Gaulois aussi vite informés de ses mouvements.

Ces menhirs, dolmens, tumulus, pierres à bassin et tombes mérovingiennes sont riches en histoire. Retenons surtout la roche du Panorama, avec ses 14 mètres de hauteur de pierre gréseuse. De cette plate-forme, nous découvrons, suivant le temps, un des plus séduisants panoramas de sapinière verte et de riches vallées.

Cette roche a une autre particularité : elle est située sur un des points forts du mont Sainte-Odile.

Quel fut son rôle au cours de son histoire ?

Quoi qu'il en soit, sa vibration marque un champ vibratoire assez intense qui atteint au solstice d'été 28 unités positives.

La radioactivité du mont Sainte-Odile atteint de 120 à 140 impulsions par minute, ce qui le prédestine à être un haut lieu de régénération physique, psychique et spirituelle bien plus qu'un lieu méditatif et contemplatif.

Nous recommandons mesure et prudence en cet endroit magnifique, mais dangereux.

Un autre point particulier et intensif se trouve à l'emplacement de l'ancienne chapelle des Roches, dont l'énergie dépasse 30 unités positives. Cette chapelle est à quelques minutes du couvent et se découvre juste après les grandes roches qui portent le chemin de croix. De cet édifice surélevé, il ne reste plus qu'une simple plateforme circulaire avec un semblant de dallage et trois bancs invitant au repos dans un flux d'ondes bénéfiques.

Ce « mont Lumière », parc naturel, est d'une grande

richesse pour le visiteur, promeneur, pèlerin, car ce haut lieu est encore chaud de tout un passé cultuel, culturel, historique et religieux.

C'est un peu l'âme de cette Alsace où chacun peut venir puiser, selon ses richesses propres, des bienfaits physiques, psychiques et spirituels.

Le centre initiatique du massif du Taennchel

Lié aux légendes et aux récits populaires les plus fantastiques, le massif du Taennchel ne semble pas prêt à dévoiler son mystère.

Une dizaine de rochers gigantesques et insolites « peuplent » cette forêt, empreinte d'un souffle venu de l'aube de la vie.

Ces formations rocheuses très pittoresques sont des roches gréseuses parmi lesquelles domine le conglomérat.

D'une altitude avoisinant les 960 mètres, le plateau du Taennchel bénéficie d'une onde de vie moyenne, mesurée au géodynamètre, de 24 unités positives, et, fait spectaculaire, certaines roches sont pourvues d'une radiation de 28 à 35 unités positives.

Un rocher possède une onde de vie atteignant 45 unités positives. C'est un cas unique en Alsace, et même extrêmement rare sur l'ensemble de la planète.

L'accès à certaines de ces roches, vu la forte puissance de leur intensité vibratoire, est réservé aux êtres qui sont en mesure d'opérer une alchimie entre leur propre taux vibratoire et l'onde de vie du lieu.

Les particularités vibratoires du Taennchel en font un véritable centre initiatique.

L'origine du nom « Taennchel » en apporte la confirmation : « Taennchel » ne vient pas de *Thannen,* « sapins », comme on pourrait facilement le penser, mais de *Taen,* « tan », écorce de chêne pulvérisée, qui est à mettre directement en relation avec « chêne ».

Ce qui signifie que le massif du Taennchel était recouvert de chênes.

Le chêne, symbole de puissance et de force, nous place dans le contexte des forêts magiques peuplées de mages, de druides et d'adorateurs de pierres.

Une confirmation de l'origine du nom « Taennchel » se trouve dans les archives des Ribeaupierre, où l'on peut découvrir dans d'anciens contrats la mention « droit de glander » (ramasser des glands). Le Taennchel était la propriété des Ribeaupierre jusqu'à la Révolution.

Il est surprenant de constater que ces puissants seigneurs résidaient et évoluaient sur des terres harmonieusement équilibrées sur le plan cosmo-tellurique. C'était peut-être le secret de leur prestige.

Géologiquement, la crête du Taennchel fait partie des Vosges moyennes, ou Vosges centrales. Celles-ci montrent des terrains ou des roches diverses et d'âges très différents.

C'est le grès rouge et le conglomérat qui couronnent le Taennchel dans sa plus grande partie et qui donnent à celui-ci sa physionomie et ses roches sculptées par l'érosion. Mais toutes ces roches sont-elles uniquement taillées par la main de la nature ? Certaines « touches humaines » y ont fort probablement été apportées.

Située à l'ouest de Thannenkirch, la crête du Taennchel est accessible par ce même village ou par la croix de Ribeauvillé, qui se trouve au nord de la N 416 reliant Ribeauvillé à Sainte-Marie-aux-Mines.

Pour bien « comprendre » ce site fantastique, il faut visiter la forêt du Taennchel en ayant à l'esprit la merveilleuse légende de l'anneau :

Il y a quelques millions d'années, la mer recouvrait la plaine rhénane et seuls quelques sommets vosgiens émergeaient de cette immense étendue d'eau. D'intrépides navigateurs venus des pays du Nord descendaient par ce vaste chenal constitué par les Vosges et la Forêt-Noire vers le continent du Sud pour y chercher des produits du soleil. Il était devenu tradition pour les équipages nordiques d'effectuer une escale à l'aller sur une île qui les fascinait et qu'ils pensaient être habitée par un dieu. Les marins lui confiaient leur destin et lui demandaient sa protection pour ce long voyage. Cette montagne, bien plus tard, reçut le nom de « Taennchel ». Au retour, les navigateurs s'arrêtaient à nouveau à l'« île du dieu » et le remerciaient d'avoir veillé sur eux. Ils avaient pris l'habitude, lors de leurs escales, d'amarrer leurs vaisseaux à un immense piton rocheux qui émergeait de la mer. Mais, un jour, les eaux baissèrent, et les marins venus du Nord ne purent plus descendre au « pays du soleil ». Encore aujourd'hui, au sommet de la roche pointue du Taennchel, on peut voir la trace de l'amarre, en souvenir du passage de ces peuples nordiques.

Cette vieille légende, qui nous emmène à l'aube des temps, symbolise parfaitement la destinée magique et sacrée du Taennchel.

Il faudrait consacrer une journée entière à la découverte de ce site. Une journée pendant laquelle les pèlerins chercheurs pourront bénéficier, tout en savourant le plaisir de la découverte, de l'air pur de la montagne et d'une séance de magnétisme cosmo-tellurique.

Nous ne présenterons que quelques roches parmi les nombreuses qui ne manqueront pas de captiver les « curistes », et dont chacune mérite une visite.

A la pointe sud du massif, on découvrira le rocher d'Udine, en forme d'autel. D'une longueur de 5 mètres sur presque 2 mètres de hauteur et de largeur, ce rocher a la particularité d'être en grès rose quartzeux à grain fin avec de très fines paillettes d'hématite. Il rappelle le traité de la paix de Campoformio signé en 1797 dans la province d'Udine.

En remontant vers le nord, le gigantesque rocher des Titans fascinera par ses énormes cubes de grès qui semblent avoir été empilés dans un dessein mystérieux par des Titans.

L'onde de vie de ce rocher est très bonne, mais l'exposition ne doit pas dépasser quinze minutes.

Plus loin, le rocher Bellevue, à l'est du Mur païen, forme un promontoire sur la crête et offre une belle vue sur le Haut-Kœnigsbourg et les environs.

Le Mur païen est ce mur de pierres long de 2 300 mètres, qui relie le rocher d'Udine au rocher des Géants. Large d'environ 1,80 mètre ce « rempart » semble être un banal mur de délimitation construit aux environs du XVe siècle.

Au nord du Taennchel, le rocher des Géants, d'une hauteur de 16 mètres, comporte sur la plate-forme supérieure plusieurs cuvettes naturelles. Appelé aussi roche des Fées, il est lié à la légende qui veut que les fées, à l'aide d'une complexe formule magique, aient créé un pont qui reliait le Taennchel à la roche de Chalmont, de l'autre côté du val de Liepvre. Tous les matins, au lever du jour, les fées devaient réciter la formule magique pour que cet immense pont reste en place. Mais, un jour, elles oublièrent un mot lors de leur incantation matinale, et le pont s'écroula...

Le rocher du Crocodile, à l'ouest du rocher des Géants, est une majestueuse falaise de grès rose. Sur le plateau supérieur, l'une des pierres, placée en équilibre, fait penser à un crocodile géant. On remarquera sur la plate-forme avancée une mystérieuse inscription gravée dans la roche.

La roche des Trois-Grandes-Tables, sur la crête du Taennchel, à l'ouest du rocher des Reptiles, est formée de trois énormes blocs de grès qui font penser à des tables.

Le plus important de ces rochers porte le nom de rocher des Anneaux. Deux anneaux de fer, comportant des inscriptions, y ont été scellés au siècle dernier.

Préparez-vous à cette rencontre de vous-même par des silences, car vous avez des espaces où tout s'arrête, se suspend.

Les hauts lieux sont des couloirs qui s'ouvrent aux êtres pour leur permettre d'atteindre cette vibration ultime, échelle placée d'un temps à un autre pour rejoindre l'onde pure et cristalline qui en fera des êtres prêts pour l'évolution cosmique des temps.

La montagne magique du Grand Ballon

Avec ses 1 424 mètres, le Grand Ballon offre une vue sublime et inoubliable sur les Vosges, la plaine d'Alsace, la Forêt-Noire, le Jura et les lointaines cimes des Alpes.

Sur le plan géologique, le belvédère est formé de grauwacke, constitué de matériaux détritiques remaniés, d'origine marine. Il s'agit de grès quartzofeldspathiques grossiers renfermant souvent de fines projections volcaniques.

Le point culminant des Vosges porte aussi le nom de Belchen. Il semblerait que l'origine de ce nom soit *Belen,* nom du dieu du Jour et du Soleil des Celtes. Ce n'est sûrement pas un hasard si ce haut lieu vibratoire, qui a tous les atouts pour être considéré comme une montagne magique, a été élu par nos ancêtres pour vénérer leur divinité solaire.

Souvent, quand les vallées environnantes sont plongées dans la grisaille, majestueusement, le Grand Ballon émerge d'une immense mer de nuages, le sommet baigné par un soleil éblouissant. Une prédestination au culte solaire.

Le promeneur, émerveillé par les anémones ou les arnicas qui parsèment les chaumes du Grand Ballon, risque, certains soirs, de se trouver en présence de curieux personnages qui arpentent le sommet.

En effet, selon la légende, les âmes des géomètres malhonnêtes qui ont spolié les propriétaires en déplaçant indûment les pierres bornales sont condamnées à arpenter les étendues du Grand Ballon en attendant d'être délivrées de leur triste sort par les propriétaires lésés, qui leur pardonneront leurs méfaits. Mais certains d'entre eux, trouvant le temps trop long, pour se venger de leur malheur, s'évertuent quelquefois à égarer les touristes qui s'aventurent en ces lieux. Alors, prudence !

Un axe magnétique prend naissance entre le sommet du Grand Ballon et celui du Storkenkopf, qui est le deuxième sommet vosgien (encore une coïncidence !).

Il traverse le lac du Ballon et continue entre le Langenfeld et le Hilsenfirst, dont les versants, traversés par l'axe magnétique, semblent avoir déjà été habités il y a quelques milliers d'années. La bande magnétique traverse le charmant village du Muhlbach, dans la vallée de Munster, pour arriver au lac Blanc, dominé par le rocher du Château-de-Hans.

Le nom du lac Blanc est dû aux grains clairs quartzeux et graniteux qui recouvrent le fond du lac et donnent aux eaux un reflet d'une blancheur lumineuse.

Ce lieu de détente et de régénération, dans un magnifique cadre de forêts et de rochers abrupts, invite le promeneur à oublier les tracas quotidiens et à « s'intégrer » à ce décor féerique.

En contrebas de la montagne magique du Grand Ballon se situe le mystérieux lac du Ballon, autre haut lieu vibratoire et régénérateur. Avec son onde de vie de 22 unités positives, cet endroit bénéfique sera le bienvenu pour les personnes qui y accéderont par le fond de la vallée. Ce lac sera une étape agréable avant d'affronter le Grand Ballon.

Un vaillant nonagénaire, résidant dans la vallée, se

fait conduire deux à trois fois par semaine au lac du Ballon pour y faire sa cure de jouvence pendant une heure. Aurait-il découvert le secret de longévité ? Sa dévouée gouvernante a constaté que, s'ils montaient au lac après 17 heures, elle redescendait tellement tonifiée qu'elle ne pouvait plus s'endormir.

Cet exemple illustre bien que pour cette « thérapeutique », comme pour toutes les autres d'ailleurs, les besoins varient suivant chaque individu.

Le lac du Ballon, presque circulaire avec des parois abruptes qui se reflètent dans son eau vert sombre, a frappé l'imagination des habitants de la vallée et donné naissance à de nombreuses légendes. Ainsi, le chariot rempli de pierres précieuses du dieu Wotan ou le carrosse d'or d'Attila séjourneraient au fond du lac...

Ce lac d'origine glaciaire a été aménagé par les moines de Murbach à la fin du XVe siècle. Sous le règne de Louis XIV, Vauban fit surélever de 15 mètres le niveau de l'eau pour alimenter un canal servant au transport des matériaux nécessaires à la construction de la place forte de Neuf-Brisach. En 1740, le barrage se rompit, et la gigantesque masse d'eau se précipita dans la vallée en détruisant et ravageant les rives sur son passage. Aujourd'hui, le lac du Ballon est un lieu privilégié pour les personnes qui veulent bénéficer d'une régénération cosmo-tellurique dans un décor enchanteur.

Le lac devient un cadre de conte fantastique quand, en hiver, il est recouvert de glace et que les parois environnantes sont pourvues d'un manteau de neige. On croit alors à chaque instant que va surgir de ce merveilleux paysage une fée vêtue d'un immense manteau brodé d'or.

Une légende, connue par tous les enfants de la contrée, raconte les origines du lac du Ballon.

Jadis, l'emplacement actuel du lac était couvert d'un pré verdoyant sur lequel jouaient les animaux sauvages de la forêt. A quelques pas de cette paisible clairière se dressait l'humble hutte de la veuve d'un pauvre charbonnier. Un riche bourgeois de la vallée, séduit par ce cadre enchanteur, proposa à la miséreuse d'acquérir ce pré et lui offrit un bon prix. La veuve, très attachée à ce bien, qui était le souvenir que lui avait laissé son époux, refusa les écus sonnants et trébuchants du bourgeois. Celui-ci, ne pouvant obtenir l'objet de sa convoitise de bon gré, usa de son influence pour suborner les juges, après avoir accusé la pauvre d'être entrée à tort en possession de son bien. La pauvresse fut expropriée et le pré fut attribué au riche bourgeois.

A la première fenaison, l'imposteur, fier de la victoire, décida d'aller chercher son foin dans une pompeuse charrette d'or pour narguer la malheureuse, privée de son bien. Au moment où le bourgeois arriva au milieu du champ, le ciel s'obscurcit subitement et un effroyable tremblement de terre secoua la montagne. Un gigantesque éclair foudroya le pré, et d'immenses trombes d'eau s'abattirent sous les violents grondements du tonnerre. Quand le calme fut revenu, un petit lac circulaire occupait l'emplacement du pré. Émergeant du lac, une très belle dame, richement vêtue, s'éleva dans les airs accompagnée d'une nuée blanche.

La cathédrale de Strasbourg, centre alchimique de l'Europe

La merveilleuse cathédrale de Strasbourg a été construite à l'emplacement du sanctuaire de l'ancienne bourgade celtique d'*Argentoratum*. Bien qu'inachevée, c'est une des plus originales et une des plus belles réalisations de l'art gothique. Sa flèche de 142 mètres, ses vitraux, ses orgues et son horloge astronomique remplissent d'admiration les visiteurs venus du monde entier.

Comment expliquer l'attrait mystérieux de ce sol sacré où furent édifiés des sanctuaires depuis les temps les plus reculés ? De nombreux récits populaires et légendes relatifs à la cathédrale de Strasbourg ont un singulier point commun : l'eau du sous-sol. Paradoxe entre un lieu magique et sacré qui devait être baigné d'ondes bénéfiques et le sous-sol gorgé d'eau, logiquement générateur de nocivité.

Au fil de cette étude, nous analyserons ce phénomène en abordant l'incidence de l'architecture et de ses formes dans le monde vibratoire. Mais avant d'entrer dans ce domaine technique, nous entrouvrons la porte de l'étrange en présentant le légendaire monde souterrain de la cathédrale.

Aux environs de l'an mil, après la destruction de l'ancienne cathédrale carolingienne par les troupes du duc Hermann de Souabe, et le coup de grâce porté par la foudre, l'évêque Wernher entreprit de construire une vaste cathédrale romane.

La nappe phréatique apparut comme un problème majeur. Les maîtres d'œuvre, pour asseoir les fondations de cette immense bâtisse, firent creuser les couches superposées de sable et de gravier. Ils rencontrèrent bientôt l'eau souterraine et firent alors enfoncer dans ce sol meuble et détrempé d'énormes rangées de pilotis en chêne sur lesquels furent disposées les bases de la cathédrale. Le sol bien stabilisé, les travaux continuèrent, et bientôt s'éleva dans le ciel de Strasbourg l'imposant édifice.

Mais les va-et-vient incessants de la nappe phréatique emportèrent le sable sous la construction, et une immense cavité se forma entre les troncs de chêne. Celle-ci se remplit d'eau, créant un immense lac souterrain.

On prétend que le puits de la loge des tailleurs de pierre de la cathédrale donnait accès à ce monde aquatique souterrain.

On dit aussi que c'est à ce puits, déjà connu avant l'ère chrétienne, que les prêtres alsaciens venaient puiser l'eau pour les baptêmes.

Les eaux mystérieuses du lac étaient peuplées de bébés destinés à venir au monde à Strasbourg. C'est ici que les femmes de Strasbourg, désirant obtenir un enfant, venaient en faire la demande. Un gnome à chevelure et longue barbe blanche, assis sur une barque au milieu de tous ces petits êtres, faisait office de « baby-sitter »...

Quand il recevait la commande, il examinait consciencieusement le bien-fondé de celle-ci et faisait des recherches pour savoir si cette famille était digne de recevoir un enfant, si le bébé y serait heureux, si les futurs parents pourraient nourrir cette bouche supplémentaire, etc.

Ces minutieuses recherches étaient bien sûr très longues et ce n'est que plusieurs mois après, quand l'avis était favorable, qu'avec une épuisette à mailles d'or, il pêchait un bébé et le déposait dans le seau du puits. Pendant la nuit, d'autres petits gnomes réunissaient toutes leurs forces pour remonter le bébé à la surface.

Une cigogne, qui attendait sur la margelle, en prenait livraison et l'apportait au foyer des heureux parents.

Si les bébés d'aujourd'hui ne sont plus livrés par les cigognes, il n'en demeure pas moins que l'eau de la nappe phréatique est un problème d'une brûlante actualité.

Avec un poids de 7 000 tonnes, la cathédrale de Strasbourg, construite sur des fondations en mauvais état, s'est fissurée de haut en bas au niveau du massif occidental, côté nord. Le problème a été résolu, mais néanmoins de nombreuses autres fissures apparaissent dans les voûtes.

L'édifice repose effectivement sur des pilotis en chêne qui ont la particularité d'être imputrescibles et « éternels » quand ils sont immergés dans de l'eau. Or, à Strasbourg, la nappe phréatique baisse par suite du creusement d'un nouveau canal fluvial, ce qui provoque le pourrissement des pilotis.

Cette preuve formelle de l'importante présence d'eau dans le sous-sol de la cathédrale (et de Strasbourg) peut plonger le lecteur dans le doute quant au « sens » dont étaient pourvus les bâtisseurs pour choisir les lieux de construction de la cathédrale.

Pourtant, l'onde de vie de la cathédrale de Strasbourg est positive et bénéfique. Mystère.

La symbiose entre l'énergie cosmo-tellurique de ce haut lieu vibratoire, la chromothérapie prodiguée par les couleurs des vitraux, la musique des orgues ou les chants grégoriens, le parfum subtil des cierges et de l'encens, le climat de mystère engendré par la lueur vacillante des cierges, l'ambiance sacrée propice au recueillement influencent profondément la vibration des cellules humaines.

L'énergie et l'information de ce haut lieu agissent directement sur les particules matière/anti-matière des atomes composant les cellules.

Une action s'exerce directement sur la relation conscient/inconscient, car le rythme des pulsations électriques du cerveau ralentit et les ondes alpha apparaissent rapidement. Cette modification de l'état de conscience du pèlerin chercheur déconnecte le conscient et met le lobe gauche, rationaliste, du cerveau en veilleuse.

Au bout de quelques instants de mise en état d'éveil et de réceptivité, on perçoit le flux bénéfique qui envahit notre corps et se propage jusqu'au plus profond de notre être.

La cathédrale de Strasbourg permettra à l'être qui est à la recherche de l'évolution cosmique d'accéder dans sa vie physique, mentale et spirituelle à des sphères insoupçonnées et d'atteindre des états de conscience supérieurs.

Peut-être, en ce lieu sacré, lui sera-t-il ainsi révélé le fantastique secret du centre alchimique de l'Europe ?

CONCLUSION

Nous voilà arrivés au terme de cette étude, qui est le fruit d'un long et minutieux — mais ô combien passionnant et enrichissant ! — travail de recherche sur les hauts lieux « où le ciel et la Terre se rejoignent ».

Le but de cet ouvrage n'est pas de convaincre qu'il existe des lieux « où il se passe quelque chose », mais, humblement, de donner au lecteur certains sujets de réflexion, de manière à lui donner des clés pour « entrouvrir » des portes intérieures.

A l'heure des supraconducteurs et des messages subliminaux, auditifs, visuels et fréquentiels, qui imprègnent notre subconscient à notre insu par action sur le cerveau droit, bien qu'« enregistrés au-dessous du seuil absolu de perception consciente », pourquoi les hauts lieux cosmo-telluriques ne nous délivreraient-ils pas, eux aussi, un certain type de message subliminal pour nous aider à évoluer ?

Comme nous l'avons à plusieurs reprises développé au cours de cet ouvrage, les connaissances actuelles de la physique moderne, font apparaître, au-delà des concepts de matière et d'énergie, les notions d'information et de mémoire.

Les recherches pour une théorie unifiée de l'Univers traduisent la volonté permanente de mettre en évidence l'unité. Ces travaux dépassent très largement le cadre classique des quatre forces fondamentales régissant toute chose : la gravitation, l'électromagnétisme et les deux interactions, forte et faible.

Car si leurs portées et leurs fonctions sont différentes et bien distinctes, les nouvelles théories de la physique tentent d'englober l'infiniment petit et l'infiniment grand pour concrétiser le rêve d'Einstein, qui s'acharna pendant près de trente ans à essayer d'élucider ces mystères.

Dans le contexte des hauts lieux cosmo-telluriques « où souffle l'Esprit », la nouvelle physique peut maintenant apporter des réponses :

— la *matière,* du ressort de la physique classique, représente le lieu lui-même, sa nature géologique et sa structure minéralogique. Elle est composée d'atomes qui forment des molécules (par exemple, le quartz : SiO_2) ;

— l'*énergie,* mise en évidence par la physique quantique, est produite par l'interaction géodynamique, c'est-à-dire la différence de la vitesse de rotation entre le noyau central (magma) et l'écorce terrestre. Cette formation de charge donne naissance à des courants telluriques qui sillonnent la planète en suivant les failles géologiques, certains gisements de minéraux, et s'entrecroisent pour former les points forts du magnétisme terrestre. Ici, l'énergie vitale jaillit à profusion et restructure le champ électromagnétique de notre corps physique (corps énergétique) ;

— l'*information,* par les données de la physique

informationnelle, donne au lieu sa vocation thérapeutique, magique ou sacrée. Nos propres informations contenues dans les particules des atomes qui composent les molécules de nos cellules réagissent en présence de ces champs inducteurs. Les informations d'un haut lieu « nourrissent » notre être intérieur, dont le taux vibratoire détermine son niveau de conscience.

Rappelons que la vie est de l'*information* transmise à la *matière* par le canal de l'*énergie.*

L'appel à la terre et à la pierre, qui apparaît de plus en plus nettement chez les êtres à l'aube des années 90, ne traduit-il pas un besoin de retour aux « informations originelles » ?

— les constructions de terre, crue et cuite, se multiplient. Les habitations en pisé ou en torchis connaissent un essor étonnant qui bouleverse les prévisions en matière de construction ;

— la manifestation du besoin intense de communiquer avec la pierre par la recherche de « vieilles pierres », des cathédrales, des anciennes demeures, des châteaux, des abbayes, des monuments anciens... se développe d'une façon exponentielle ;

— la recherche des vestiges mégalithiques, préceltiques, pour découvrir menhirs et dolmens passionne de plus en plus d'adeptes du mégalithisme.

Pour le pèlerin chercheur à l'écoute de son être intérieur et du cosmo-tellurisme, l'énergie et les informations de ces lieux magiques et sacrés se révéleront comme de fabuleux déclencheurs de phénomènes positifs et évolutifs, selon le principe des réactions en chaîne. Ces phénomènes nous apporteront une meilleure réalisation de soi par la prise de conscience de nos fabuleuses possibilités, pour accéder à un niveau de conscience supérieur et se rapprocher de la lumière.

Chaque être réagira différemment, selon les informations que portent ses particules d'énergie, comme nous l'avons expliqué tout au long de cette étude, en fonction des données de la nouvelle physique (postquantique, postrelativiste).

Chaque être est unique, mais toute guérison du corps, de l'âme ou de l'esprit commence par la qualité et l'harmonie des énergies qui l'environnent.

Nous adressons nos plus sincères remerciements à toutes les personnes qui ont contribué, directement ou indirectement, à la réalisation de cet ouvrage.

Mais comment exprimer notre profonde reconnaissance :

— au hasard nous mettant fortuitement en relation avec les personnes (dont nous ignorions l'existence) qui nous ont apporté un élément crucial au moment précis où nous en avions le plus besoin ;

— à la main divine, qui nous a placés en présence de documents indispensables, sans lesquels nous n'aurions pu continuer la rédaction ;

— à l'impulsion céleste qui nous « égarait » quand nous cherchions laborieusement un site déterminé, et de ce fait nous a donné l'occasion de découvrir un lieu plus puissant.

Nous souhaitons ardemment que la prise de conscience du cosmo-tellurisme permette à l'humanité de mieux être.

En partant à la découverte des hauts lieux, qu'ils soient thérapeutiques, magiques ou sacrés, méditez et gardez à l'esprit ces paroles de grande sagesse qui résument la quintessence de la vie :

— « Un Tout dans un Tout » ;
— « Nous faisons partie d'un Tout » ;
— « Tout est en chacun de nous ».

BIBLIOGRAPHIE

Ouvrages généraux

A la découverte des transmutations biologiques, de C. L. Kervan, Le Courrier du Livre.
A la recherche des premiers bâtisseurs, de D. Riba et J. Moulin, France-Empire.
L'Archéologie d'avant l'histoire, de C. Cinquin et J. Suchy, R. Laffont.
Les Chemins de Saint-Jacques, d'Yves Bottineau, Arthaud.
L'Esprit de la Terre, de John Mitchell, Le Seuil.
France géologique, de Ch. Pomerol, Masson.
La Géographie de la prière, d'André Michel, Atlas.
Le Graal, de J. Markale, Retz.
Les Grands Bouleversements terrestres, d'Immanuel Velikovsky, Stock.
Guide des Monastères, de Maurice Colinon, Guides Horay.
Hara, centre vital de l'homme, de K.G. von Durckheim, La Colombe, Paris.
Le Secret des bâtisseurs, de Maurice Vieux, R. Laffont.
L'Heure de s'enivrer, de Hubert Reeves, Le Seuil.
L'Homme, conscience de la matière, de Michel Granger et Yves Torre, Présence.
L'Homme, cet inconnu, d'Alexis Carrel, Presses Pocket.
Mystérieuses cathédrales, de M. Guinguand, R. Laffont.
Nos ancêtres venus du cosmos, de Maurice Châtelain, R. Laffont.
Patience dans l'Azur, de Hubert Reeves, Le Seuil.
La Plénitude du vide, de J.B. D'Orval, Publisud, Paris.

Le Rayonnement de la Terre et son influence sur la vie, de R. Endrös et K.E. Lotz, Signal, Lausanne.
Santé et Cosmo-tellurisme, de G. Altenbach et B. Legrais, Dangles.
Sciences et symboles, de Michel Cazenave, Albin Michel-France Culture, « Les Voix de la connaissance ».
Vercingétorix et les mystères gaulois, de R. Facon et J.-M. Parent, R. Laffont.
Le Tao de la physique, de Fritjof Capra, Sand.
La Terre est un être vivant, de J.E. Lovelock, Éditions du Rocher.
Trous noirs, d'Isaac Asimov, L'Étincelle.
X comme inconnu, d'Issac Asimov, Londreys.

L'Auvergne, le Berry et le Bourbonnais

L'Auvergne, d'A. Vialatte, Sun, Paris.
Le Berry roman, Weber, « Zodiaque ».
Châteaux vivants du Bourbonnais, de F. de Ligny, De Bussac, Clermont-Ferrand.
Histoire secrète de l'Auvergne, de J. Peyrard, Albin Michel.
Les Monts d'Auvergne, de la montagne à l'homme, de P. Bressolette, Privat.
Notes sur Plaimpied-Givandins, d'après les documents des archives départementales.
Le Nouveau Guide de l'Auvergne qui guérit, de R. Crozet, Horvath.
Le Tilleul du soir, de J. Anglade, Julliard.
La Vie quotidienne en Berry au temps de George Sand, de M. Baroli, Hachette.
Les Volcans d'Auvergne et du Velay, de F. Graveline et F. Debaisieux, Solar.

La Sologne

Le Château de Sully-sur-Loire, de Louis Martin, Éditions du Château-de-Sully.
Guide du Val de Loire mystérieux, Tchou-Princesse.
Le Journal de la Sologne, Phip, « La Salloigne d'hier et d'aujourd'hui ».

Solognots de Sologne, de M. Genevoix et B. Merriau, Chêne-Terroirs.
La Touraine archéologique, de R. Ranjard, Mayenne/Joseph Foch.

La Bourgogne et le Jura

La Bourgogne romane, de R. Oursel, Weber, « Zodiaque ».
Cîteaux 1098-1980, du frère Marcel Lebeau, abbaye de Cîteaux.
Le Clos de Vougeot, de Camille Rodier, S.B.P.E.
Coutumes et traditions du val de Vergy, d'Albert Colombet, Association des amis de Vergy.
Guide de la Bourgogne et du Lyonnais mystérieux, Tchou-Princesse.
Jura, Franche-comté, Belfort, de M. Picquard, Arthaud, Grenoble.
Le Pape des escargots, Henri Vincenot, Denöel.
Nuits-Saint-Georges, de Lucien Puisat, Éditions de Civry.
Santenay, l'église de Saint-Jean-de-Narosse, Amis du vieux Santenay.
Vergy, le pays et les hommes, de F. Bugnon, N. Leneut, P. Rat et J. Richard, Association des amis de Vergy.

La Provence, les Alpes et la Côte d'Azur

La Chartreuse de la Verne, de Pierre Grimaud.
La Côte d'Azur, ombres et lumières, de J.-J. Antier, France-Empire.
Dolmens et menhirs de Provence, de D. Riba, Serre.
Hyères et les îles d'Or, de D. Gilly, E. Hild et J.-P. Paulet, GÉO, 1978.
Hyères et les îles d'Or, de M. Périsset, Ouest-France.
Provence-Côte d'Azur, de J.-P. Clebert, Vilo, Paris.
Sisteron et le pays sisteronais, de P. Maudonnet et P. Colomb, Naulets A.T.M.

Les Pyrénées

L'Épopée cathare, de Michel Roquebert, Privat.
Histoire de Mirepoix, de J.-L. Hygounet, Aram.
Mythes et légendes autour de Montségur, de J.-P. Monteils,
Mes Pyrénées, chroniques, de Joseph Ribas, Sirius.
Notre-Dame-de-Bétharram, R. Descomps, Œil.
Promenades en pays cathare, de Daniel Pédoussat.
Splendeurs et gloires des Pyrénées, de P. de Gorsse, France-Empire.

L'Aquitaine, le Poitou et les Charentes

Les Chemins de Saint-Jacques-de-Compostelle, d'Y. Bottineau, Arthaud.
Mythologie des Deux-Sèvres, de Guy Pillard, Brissand, Poitiers.

La Bretagne

L'Armorique romaine, de Patrick Galliou, Les Bibliophiles de Bretagne.
Brasparts — Monts d'Arrée, de G. Le Scouëzec, Le Seuil.
La Bretagne romane, Weber, « Zodiaque ».
Bretagne terre sacrée, de G. Le Scouëzec, Albatros.
Le Druidisme, de J. Markale, Payot.
Guide de la Bretagne mystérieuse, de G. Le Scouëzec, Tchou-Princesse.
Histoire de la Bretagne, de H. Waguet et R. de Saint Jouan, P.U.F.
Le Livre d'or des saints de Bretagne, de J. Chardronnet, Armor.
La Médecine en Gaule, de G. Le Scouëzec, Kelenn.
Merlin l'Enchanteur, de J. Markale, Retz.
La Mystique des eaux sacrées dans l'antique Armor, de Mme de Marmier, J. Vrin, Paris.
Pierres sacrées de Bretagne, de G. Le Scouëzec et J.-R. Masson, Le Seuil.

Préhistoire de la Bretagne, de P.-R. Giot, J. l'Helgouac'h, J.-L. Monnier, Ouest-France université.
Œuvres complètes du recteur de Théorentec.

La Normandie

Chapelle-sur-Vire en Troisgots (Brochure).
Neufchâtel-en-Bray (Brochure Syndicat d'Initiative), S.E.E.
Normandie, de R. Desquesnes, Heimdal, Bayeux.
Par monts et merveilles de Normandie, de La Varenne, Perrin.
Pays de Bray, pays d'accueil, édité par l'Association culturelle et touristique du pays de Bray.

L'Île-de-France

Archeologia 147, octobre 1980.
Chartres, d'E. Houvet, Houvet.
L'Essonne insolite, de J. Jacquet, Art et Tourisme.
Les Grandes Heures de l'Île-de-France, de J. Levron, Perrin.
Guide de Paris mystérieux, Tchou-Princesse.
Les Monuments méconnus, d'H.-P. Eudoux, Perrin.
Les Mystères de la cathédrale de Chartres, de Louis Charpentier, R. Laffont.
Notre-Dame de Paris, de M. Ochsé, Lescuyer.
Le « village » Barbizon, de Guy Isnard.

La Picardie, la Champagne et les Ardennes

Atlas du mystère, de Saint-Hilaire, RTL-Arka.
Guide de la Flandre et de l'Artois mystérieux, de C. Malbranke, Tchou-Princesse.
Histoire de la Champagne, de M. Crubellier et C. Juillard, P.U.F.
Picardie, d'Y. Brohard et J.-F. Leblond, Ch. Bonneton, « Encyclopédies régionales ».

La Lorraine

La Colline inspirée, de M. Barrès.
Histoire de la Lorraine, de M. Parisse, Privat.
Lorraine, de Bonneton, « Encyclopédies régionales ».

L'Alsace

Alsace, de J.-P. Klein, Arthaud.
Les Chemins de l'insolite en Alsace, de G. Trendel, Coprur.
Histoire secrète de l'Alsace, de Paul Arnold, Albin Michel.
Les Hauts Lieux vibratoires de la santé, de G. Altenbach et B. Legrais, Éditions du Rhin.
Lieux magiques et sacrés d'Alsace et des Vosges,

TABLE DES MATIÈRES

ACHEVÉ D'IMPRIMER LE 21 DÉCEMBRE 1988
SUR LES PRESSES DE L'IMPRIMERIE HÉRISSEY
POUR LE COMPTE DE FRANCE LOISIRS
123, BOULEVARD DE GRENELLE, PARIS

Imprimé en France
Dépôt légal : décembre 1988
N° d'imprimeur : 47092 – N° d'éditeur : 14658